Carte de France

ROYAUME-UNI

MER DU NORD

ALLEMAGNE

Londres

Bruxelles

Lille BELGIQUE

LUXEMBOURG

MANCHE

Hauts-de-France

Rouen

Caen Normandie

Mont Saint-Michel

Paris Île-de-France

Reims

Nancy

Strasbourg

Grand Est

Bretagne

Rennes

Pays de la Loire

Orléans

Tours Centre-Val de Loire

Dijon

Bourgogne-Franche-Comté

SUISSE

Nantes

OCÉAN ATLANTIQUE

Genève

Nouvelle-Aquitaine

Lyon Auvergne-Rhône-Alpes

Grenoble

ITALIE

Bordeaux

Provence-Alpes-Côte d'azur

Occitanie

Arles

Nice

Montpellier

Marseille

Toulouse

ESPAGNE

MER MÉDITERRANÉE

CORSE

Ajaccio

フランスの地域圏（régions）は、2016年1月に22から13に再編されました。またその後、Occitanie、Grand Est、Nouvelle-Aquitaine、Hauts-de-France という新たな名称も生まれました。上記の13の地域圏に加えて、さらに5つの海外地域圏—— Guadeloupe、Martinique、Guyane、La Réunion、Mayotte——があります。

Tamako Nakai

Jean Lamare

Naoko Kawakatsu
Kimiko Nakamura
Shoko Yokotani

HAKUSUISHA

À la découverte !

───── 音声ダウンロード ─────

 この教科書の音声は、白水社ホームページ（http://www.hakusuisha.
co.jp/download/）でダウンロードあるいはストリーミングすることが
できます（お問い合わせ先：text@hakusuisha.co.jp）。

本書の音声の録音に協力してくださった Collège Paul Éluard のみなさん

本書の音声：
Expressions 1, 2 / Scène / Chansons

Céline Bayeur   Jérôme Henry
Jérôme Berjot   Guillaume Kulemann
Isabelle Bocquillon   Gwenaëlle Person
Lucie Bruni   Anne Servel
Noémie Cortial   Damien Ulrici
Claire Gayot   Juliette Vallerent
Cécilia Gilbert

Expressions 1, 2 / Scène / Prononciation / Vocabulaire / Exercices
Léna Giunta
Georges Veyssière

音楽：川勝直子

表紙・本文イラスト：Jean Lamare

ブックデザイン：mg-okada
本文組版：閏月社

はじめに

先生方へ

« À la découverte ! » は甲南女子大学の授業から生まれ、3人の共著者をはじめとする高校の先生方による試用を経て、1994年に完成しました。それ以来、小学生から大学生そして大人まで、幅広い支持をいただいています。この度リニューアルして再出発することになりました。

この教材はフランス語未習者を対象としています。学習者自身がフランス語のしくみを発見し、実際に使いながら身につけられるよう、授業の進め方も工夫しました（→ p.6「本書の構成」）。

学習するみなさんへ

目標は次のとおりです。

◆フランス語の全体像をつかむ

フランス語を聞き、口に出し、観察し、考えて、自分でことばのしくみを見つけましょう。授業ではたくさんの内容を扱います。完璧に理解するのはもともと無理だと割り切って、細かいことにこだわらず、先に進みましょう。

◆基本的なコミュニケーション能力を身につける

外国語を学ぶ秘訣は、たくさん使って、たくさん間違え、しっかり直してもらうことです。授業では積極的に発言し、思い切って大きな声を出しましょう。コミュニケーションは声が相手に届いてはじめて成立します。

◆フランス語が好きになり、さらに勉強したくなる

自分から進んで、楽しみながらすることは、ぐんぐん上達します。それに、新しいことばに出会って最初の年に覚えたことは決して忘れないものです。みなさんでこのフランス語クラスを愉快な場にしてください。

Jean Lamare 氏の素晴らしいイラストと、旧友 Florence Desmare さんの協力により Collège Paul Éluard の生徒たちが吹き込み、川勝直子さんの音楽が入った録音教材は、想像をふくらませ楽しく学習するための大きな助けになるはずです。

« À la découverte ! » がフランス語のおもしろさ発見に役立てばしあわせです。

中井珠子

本書の構成

本書は各課 6 ページ、全 14 課です。所要時間の目安を (05') のように示してありますが、進め方はクラスの実情にあわせて調整してください。各課は次のような部分から構成されています。

Expressions「表現」：短い対話を通して基本表現を覚えます。

Pour découvrir「発見するために」：クラスで話し合いながらフランス語のしくみを発見します。

Pour réfléchir「考えるために」：発見したことを整理します。

Révision「復習」：各課の前半の復習、または前の課の練習問題の答え合わせをします。

Scène「場面」：物語の一場面を聞き、グループでせりふの練習をします。

Prononciation「発音」：つづりの読みかた、発音のしかたを確認します。

Vocabulaire「語彙」：数字やテーマ別の語彙を覚えます。

Activités「口頭練習」：クラスで口頭練習をし、各グループが Scène の発表をします。

Exercices「練習問題」：次の授業までに各自、聞きとりを含む練習問題に取り組みましょう。

Traduction「訳」：Scène の和訳です。

各課の Expressions 1、Expressions 2、Scène には、ポール・エリュアール中学のみなさんによるライブ録音と、よりゆっくりはっきりと発音したスタジオ録音の 2 種類の音声が用意されています。何度も聞いて、いろいろな声やスピードに慣れていきましょう。

本書の主な登場人物

Céline

Éric

Lise

Olivier

Sophie

Monsieur Forêt

フランス南西部には古い城がたくさんあります。ある夏休み、そんな城のひとつを修復するキャンプに、セリーヌ、エリック、リーズ、オリヴィエ、ソフィーの5人が参加します。《 À la découverte ! 》は彼らの物語です。集合の日、先に着いた4人がセリーヌの到着を待っています。セリーヌとリーズは以前からの知り合いです。

Scène 0 ⟨2⟩ ⟨3⟩ ───────────────────

イラストを見ながら音声を聞いてみましょう。

Tiens ! あれ！　　voilà ~ ほら、…だ　　un car 長距離バス

👧	: Tiens ! Voilà le car.	あれ、バスが来たよ。
👧	: Ah, c'est Céline !	あ、セリーヌだ！

リーズは迎えに走りだします。

👧	: Bonjour, Lise !	こんにちは、リーズ。
👧	: Bonjour, Céline. Tu vas bien ?	こんにちは、セリーヌ、元気？
👧	: Oui, ça va. Bonjour, je m'appelle Céline.	ええ、元気。（他の3人に）はじめまして、私の名前はセリーヌ。
👦	: Je m'appelle Éric. C'est Olivier et c'est Sophie.	僕はエリック。こっちはオリヴィエとソフィーだよ。
👦	: Bonjour !	こんにちは。
👧	: Bonjour, Céline !	こんにちは、セリーヌ。

Leçon 1

Ça va ?

まずは _{Scène 0} を聞きながら、登場人物の顔と名前を覚えましょう。　(05′)

Expressions❶ (10′) ④ ⑤

イラストを見ながら音声を聞き、あとについて言いましょう。

1. 😊 : Je m'appelle Sophie.

Et toi ?

😊 : Je m'appelle Éric.

2. 😊 : Je m'appelle Lise.

Et vous ?

😊 : Je m'appelle Jean Forêt.

3. 😊 : Bonjour, Olivier.

Tu vas bien ?

😊 : Oui, et toi, ça va ?

😊 : Ça va, merci.

Pour découvrir 1 (05′)

質問をもとにクラスで話し合いましょう。

1. 「私は〜という名前です」と自己紹介する表現に下線を引きましょう。

2. 「あなたは?」と相手にたずねる表現を◯で囲みましょう。

3. 「元気ですか」とたずねる表現が 2 つあります。〜〜〜 を引きましょう。

イラストを見ながら音声を聞き、あとについて言いましょう。

1. 🧑 : Vous parlez français ?

👦 : Oui, je parle français.

◆ vous parlez < parler　話す

2. 🧑 : Tu parles chinois ?

👩 : Non, mais je parle japonais.

3. 🧑 : Où est-ce qu'on parle français ?

👧 : En France, bien sûr !

👦 : En Suisse et en Belgique.

👩 : Et au Canada.

4. 🧑 : On parle anglais en Angleterre, aux États-Unis...

👦 : Et au Japon, on parle anglais ?

👩 : Pas tellement.

Pour découvrir **2** (05')

質問をもとにクラスで話し合いましょう。

1. 「〜は話す」という意味の語句に下線を引きましょう。何によって形が変わりますか。

2. on は誰を指していますか。

3. 国名とそれぞれに対応する「〜で」という表現を見つけましょう。

例　le Japon → au Japon

クラスで話し合いながら、発見したことを整理しましょう。

1 1 人の相手を指すことばは自分との関係によって 2 とおりあります。

tu　ごく親しい間柄・若者同士	**vous**　距離をおく間柄
Je m'appelle Sophie. Et (　　　　　) ?	Je m'appelle Lise. Et (　　　　　) ?
Je m'appelle Olivier.	Je m'appelle Jean Forêt.

◆ 子どもに対しては tu を使う。主語の形は tu と vous。

2 「話す」を表す動詞の原形は **parler** です。動詞の形は主語によって変化します。

規則動詞 **parler** の現在形

私は	je	parl(　　)	nous	parl**ons** [ɔ̃]	私たちは
君・ あなたは	tu	parl(　　)	vous	parl(　　) [e]	あなた(たち)・ 君たちは
彼は	il	parle	ils	parl**ent**	彼らは
彼女は	elle	parle	elles	parl**ent**	彼女たちは
人々は	on	(　　　　)			

◆ 原形が -er で終わる動詞は同じ型の活用。例外は aller(行く)のみ。
◆ on は「私たちは」の意味でもよく使われる。活用は常に il と同じ。
◆ 現在形は「～している」と進行中のことを表すときにも使う。

3 「～ (の国) で」という表現は、国名に (　　　)(　　　)(　　　)(　　　) のどれがつくかによって異なります。

le Japon　　→ Au Japon, on parle (　　　　　　　　).

la France　　→ (　　　)(　　　　　　), on parle (　　　　　　　).

l'Angleterre → (　　　)(　　　　　　), on parle (　　　　　　　).

les États-Unis　→ (　　　)(　　　　　　), on parle anglais.

 (20′) ❽ ❾

イラストを見ながら音声を聞き、あとについて言いましょう。

セリーヌは子供のころからさまざまな国に住んだことがあります。

quatre 4つ   une langue 言語   italien イタリア語   aussi …もまた

⚠ 指示があるまで見ないこと!

🙂 : Céline parle quatre langues !

🙂 : C'est vrai ?

🙂 : Tu parles anglais ?

🙂 : Oui.

🙂 : Et elle parle italien, japonais et français.

🙂 : Bravo !

🙂 : Au Japan, on parle anglais aussi, non ?

🙂 : Non, pas tellement.

🙂 : Comment dit-on « Bonjour » en japonais ?

🙂 : Konnichiwa.

Tous : Konnichiwa !

Prononciation (05′)

音声を聞いて質問に答えましょう。

1. ç はどう読みますか。[s] それとも [k] ?　　　　Ça va ?　　français

2. **ai** はどう読みますか。[ai] それとも [ɛ] ?　　français　　japonais　　anglais

3. [r] は英語の [r] と似た音ですか。　　　　la France　　je parle　　merci

◆フランス語の [r] は舌先を下の歯の裏から離さずに発音します。これさえ守ればだいじょうぶ。日本語の
ハ行の音に似ています。

Vocabulaire (05′)　0 ~ 10 ／あいさつ

0 zéro	1 un	2 deux	3 trois	4 quatre	5 cinq
6 six	7 sept	8 huit	9 neuf	10 dix	

Bonjour.	おはよう、こんにちは、はじめまして	Bonsoir.	こんばんは
Au revoir.	さようなら	À demain.	また明日

Activités (30′~45′)

1. **Expressions❷** を参考にして、近くの人と話しましょう。

🅐 登場人物や相手が何語を話すかたずねましょう。5 分たったら発表です。聞いている人がつぎつぎに「通訳」をします。

　例1　*A* : Céline parle chinois ?

　　　　B : Non, mais elle parle japonais.

　例2　*B* : Tu parles français ?

　　　　A : Oui, un peu. (はい、少し) / Bien sûr ! (もちろん!)

🅑 それぞれの国で使われている言語を近くの人にたずねましょう。5 分たったら発表です。遠くにいる人に質問をしましょう。

> l'Angleterre　　la Belgigue　　l'Italie　　la Suisse
>
> le Canada　　les États-Unis　　la Chine　　le Japon

　例　　*A* : En Chine, on parle anglais ?

　　　　B : Non. On parle chinois.

2. を発表しましょう。ときどき本を見てもかまいませんが、できるだけお互いの顔を見ながらせりふを言うこと。

1. chanter または danser を使って対話を完成させましょう。

1) 歌う?   Tu chantes ?

   – 歌うよ。   – Oui, je (   ).

2) セリーヌは歌うの?   Céline chante ?

   – うん、彼女は歌うよ。   – Oui, (   ) (   ).

3) オリヴィエは踊れるの?   Olivier danse ?

   – いいえ、でも彼、歌は歌える。   – Non, mais (   ) (   ).

4) あなたたち踊るの?   Vous (   ) ?

   – うん、踊るよ。それに歌も歌うんだ。   – Oui, on (   ). Et on chante aussi !

2. 音声を聞いて書きとり、言えるようにしましょう。 (12)

1) Vous .... ?

   – Oui, ...

2) On parle anglais ....?

   – Oui. Et .... français aussi.

Traduction (訳)

リーズ	: セリーヌは 4 カ国語も話せるの!
エリック	: ほんと?
ソフィー	: 英語、話せる?
セリーヌ	: ええ。
リーズ	: それにイタリア語と日本語とフランス語も 話せるんだから。
エリック	: すごいな!
オリヴィエ	: 日本では英語も話すんだろ?
セリーヌ	: ううん、そんなでもない。
ソフィー	: 日本語で Bonjour は何て言うの?
セリーヌ	: こんにちは。
みんな	: こんにちは!

Tu aimes les concombres ?

← Révision (05′)

 **Expressions❶** (10′) 🎧13 🎧14

1.  : Tu aimes chanter ?

   : Oui, j'aime bien chanter.

2. : Est-ce que tu aimes

   danser ?

   : Pas tellement.

3.  : Est-ce que vous aimez

   lire ?

   : Oui, j'aime bien.

4.  : Vous aimez faire du ski ?

    : Oui, beaucoup.

Pour découvrir 1 (05′)

1. 「(〜するのは) 好きですか」とたずねる表現に下線を引きましょう。
「好きだ」を表す動詞の原形はわかりますか。

2. 「あまり (好きではない)」という表現に〜〜〜を引きましょう。

1.

2.

3.

4.

5.

6.

1. : Tu aimes les concombres ?

: Oui, beaucoup.

2. : Tu aimes le jambon ?

: Non, pas tellement.

3. : Olivier, il y a du fromage.

: Humm... j'aime le fromage !

4. : Il y a du vin.

: Ah, j'aime beaucoup le vin.

5. : Il y a de la viande, Céline.

: Merci. Je n'aime pas la viande.

6. : Il y a des pommes, Monsieur.

: Merci. Je n'aime pas les pommes.

Pour découvrir 2 (05')

1. 「私は〜が好きではない」という表現に下線を引きましょう。

2. Il y a という表現はどんな意味ですか。

3. 食べもの、飲みものを表す語の前にあることばを○で囲みましょう。

4. どんなときに Merci と言っていますか。

1 疑問文の作り方を2とおり覚えましょう。

　　1. 文の終わりを上げて発音する。
　　2. 文の始めに(　　　　　　　　　)をつける。

2 「〜するのが好きだ」と言うには **j'aime** のあとに好きな活動を表す動詞の原形を続けます。

　　フランス語を話すのが好きです。J'aime (　　　　　　) français.

3 否定文を作るには、動詞を **ne** と **pas** ではさみます。
　◆動詞が母音で始まるときは(　　)と(　　)ではさむ。

Tu parles japonais ?

　→ Non, je (　　　) (　　　) (　　　) japonais.

Tu aimes les pommes ?　→ Non, je n' (　　　) (　　　) les pommes.

4 名詞には**男性名詞**と**女性名詞**があります。その区別は冠詞によってわかります。
名詞の複数形はふつう単数形と同じ発音ですが、書くときは最後に(　　)をつけます。

	Il y a …		**J'aime …**
un concombre	**des** concombres	(　　) concombres
une pomme	(　　) pommes	(　　) pommes
(　　) fromage		**le** fromage
de la viande		(　　) viande

	男性単数形	女性単数形	複数形
定冠詞	**le**	**la**	(　　)
不定冠詞(数える)	(　　)	**une**	**des**
部分冠詞(数えない)	**du**	(　)(　)	

 Scène 2 (20′) ⟨17⟩ ⟨18⟩ _____ 2

数週間のキャンプ生活のあいだは食事も自分たちで準備します.

on va ~ < aller …しましょう   faire 作る   d'accord 賛成
on met ~ < mettre …を入れる   faire la cuisine 料理をする

🧑 : On va faire une salade !

Tous : D'accord.

🧑 : On met du fromage ?

🧑 : Oui, bien sûr. Du jambon aussi !

🧑 : Non, moi, je n'aime pas le jambon.

🧑 : Tiens, voilà un concombre !

🧑 : Ah non, pas de concombre.

🧑 : Oh là là, je n'aime pas faire la cuisine avec vous !

1. 太字の文字は発音していますか。　　　Et vous, vous parlez français ?

　　◆語末の子音字は原則として読みません。

2. 太字の文字は発音していますか。　　　Vous allez bien ?　　Vous aimez lire ?

　　◆ふつうは読まない語末の子音字を、あとに続く母音と続けて発音することがあります。これをリエゾン
　　　と言います。

3. どう聞こえますか。　　　　　　　　j'aime　je n'aime pas　l'Angleterre

　　◆ je, ne など、いくつかの語は後ろに母音が続くと、j', n' などとなり、後ろの母音と続けて発音します。
　　　これをエリズィヨンと言います。

Vocabulaire (05′)　程度の表現　⟨20⟩

> 僕は彼女を・私は彼を / 彼は私を　　　/ 彼女は僕を…愛してる！
> Je l'aime　　　　/ Il m'aime　　/ Elle m'aime…
>
> すこし　　　　とても　　　　　情熱的に　　　　　　どうしようもなく　　ちっとも
> un peu　<　beaucoup　<　passionnément　<　à la folie　×　pas du tout

Activités (30′~45′)

1. Expressions❶、Expressions❷ とリストを参考にして、好きなこと・ものについて近くの人と話しましょう。
5分たったら発表です。聞いている人がすぐに「通訳」します。

> 勉強する・働く　travailler　　テニス［スポーツ］をする　faire du tennis [du sport]
> 音楽を聴く　écouter de la musique　　友だちと話す　parler avec des amis
> テレビ［サッカーの試合］を見る　regarder la télévision [un match de foot]
> 外出する　sortir　　家にいる　rester à la maison
>
> 果物　un fruit　　　　　　野菜　un légume　　　　魚　du poisson
> オレンジ　une orange　　　茶・紅茶　du thé　　　　コーヒー　du café
> ミルク　du lait　　　　　　パン　du pain　　　　　米・米飯　du riz

　　◆ものの好き嫌いを言うには数、冠詞に注意。リストのままの形では aimer のあとには使えない！

2. 📽 を発表しましょう。表情や声の調子、身振りも工夫すること。

Exercices (20′)

1. 対話を完成させましょう。ひとつの( )には1語が入ります。エリズィヨンした語もひとつの( )
に入れます。例 (J')(aime)

1) スポーツをするのはお好きですか。　　Vous ( ) faire du sport ?

　　– ええ、スキーをするのが好きです。　– Oui. ( ) ( ) bien

　　faire du ski.

2) 野菜があるよ。　　Il y a ( ) légumes.

　　– ありがとう。野菜は好きじゃないの。 – Merci. Je n'aime pas ( ) légumes.

3) 果物は好き？　　Tu aimes ( ) fruits ?

　　– ええ、とても。　　– Oui, beaucoup.

　　はい、りんごひとつどうぞ。　　Tiens, voilà ( ) pomme.

4) ほら、チーズだよ。　　Tiens, voilà ( ) fromage.

　　– いや、チーズはいらない！　　– Ah non, pas de fromage !

◆「～はいらない」は〈pas de +名詞〉。

　「～は好きでない」は〈je n'aime pas +定冠詞+名詞〉。数える名詞は複数形。

2. 音声を聞いて書きとり、言えるようにしましょう。 🔈21

1) .... - .... vous aimez danser ?

　　– Oui, ...

2) .... du jambon.

　　– Merci. .... le jambon.

Traduction

リーズ	：サラダ作ろう！
みんな	：いいね。
オリヴィエ	：チーズ入れる？
リーズ	：うん、もちろん。ハムもね！
セリーヌ	：私、ハムはきらい。
オリヴィエ	：ほら、きゅうり。
ソフィー	：うわ、きゅうりはだめ。
エリック	：あーあ、君たちと料理するのは好きじゃ
	ないよ。

Leçon 3

Elle est gentille.

Révision (05')

Expressions ① (10')

1. : Sophie est très jolie. Elle est gentille, un peu timide.

2. : Lise est grande. Elle est très drôle. Elle parle beaucoup.

3. : Céline est petite. Elle est gourmande. Elle aime beaucoup le chocolat.

Pour découvrir 1 (05')

1. それぞれの人物にかかわる形容詞に下線を引きましょう。つづりの共通点は何ですか。

2. 「とても」「すこし」にあたることばに○をつけましょう。

3

1. : Olivier est grand et mince. Il est très gentil. Il aime lire.

2. : Éric est petit. Il est gourmand et très drôle.

3. : M. Forêt est gentil. Il ne parle pas beaucoup. Il aime le sport.

4. : Tu es gourmande !

: Oui, je suis gourmande, et toi, tu es très gourmand.

: C'est vrai. Humm... c'est bon !

: Oh, vous êtes vraiment gourmands !

Pour découvrir **2** (05')

1. それぞれの人物にかかわる形容詞に下線を引き、気づいたことを言いましょう。

2. 「(〜は) …だ」にあたることばを○で囲みましょう。

1 形容詞は話題になっている人やものを表す名詞の性・数によって変化します。

男性単数形	女性単数形	男性複数形	女性複数形
grand	( )	grands	grandes
( )	( )	petits	( )
( )	gourmande	( )	( )
joli	( )	jolis	jolies
timide	( )	timides	( )
drôle	( )	( )	( )
mince	( )	( )	minces
gentil	( )	( )	gentilles

◆形容詞の変化は原則として次のとおりです。

女性形＝男性形＋( )　　◆もともと -e で終わるものは男女同形

複数形＝単数形＋( )

男性形と女性形ではふつう最後の部分の音が異なります。単数形と複数形の間には音の変化はありません。

2 「〜である」を表す動詞の原形は **être** です。

Je ( ) grande.　　　　　Vous ( ) gourmands !

Tu ( ) gourmande.

Il ( ) drôle.

être の現在形

je ( )	nous sommes
tu ( )	vous ( )
il ( )	ils ( )
elle ( )	elles sont

否定形も書けますか。

je ( ) ( ) ( )　　nous ( ) ( ) ( )

tu ( ) ( ) ( )　　vous ( ) ( ) ( )

il ( ) ( ) ( )　　ils　　ne　　sont　　pas

elle ( ) ( ) ( )　　elles ( ) ( ) ( )

 Scène 3 (20') 26 27

3

石を運んだり積みなおしたり…5人は朝から働いています。

une pierre 石　　lourd(e) 重い　　un portrait 肖像画　　Venez voir. 見にいらっしゃい。
beau (belle) 美しい　　il a l'air ～ …のようだ　　trouve < trouver 見つける（命令形）
un miroir 鏡　　dans la grotte 洞窟の中で

: Oh là là... encore des pierres !

: Elles sont lourdes...

: Oh non, elles ne sont pas lourdes !

ソフィーが何か見つけて眺めています。羊皮紙の巻物です。広げると…

: Il y a un portrait ! Venez voir !

: C'est... le Prince Bleu.

: Il est beau ! Il a l'air gentil.

肖像画の王子がかすかに動いた！ とソフィーは思いました。そして…

: Trouve le miroir dans la grotte.

: ...!

他の人は気づいていません。

▶ *Prononciation* (05′) 🔊28

1. 語末の子音字は発音していますか。   peti**t** / peti**te**   gran**d** / gran**de**

                                      genti**l** / genti**lle**

   ◆語末の子音字は発音しません。あとに -e がつくときは発音します。

2. **ou** はどう読みますか。   **vous**   beau**cou**p   **gou**rmand
   [ou], [au] それとも [u] ?

   ◆口笛を吹くつもりで思い切り唇を丸めてつき出し、舌はぐっと奥に引き下げます。

3. [il][ɛ], [ɛl][ɛ] と聞こえますか。   **il est**   **elle est**
   それとも [i•lɛ], [ɛ•lɛ]

   ◆語末の子音と次の母音を結びつけて1音節として発音することをアンシェヌマンと言います。

📖 Vocabulaire (05′) 11 ～ 20 🔊29

11 onze	12 douze	13 treize	14 quatorze	15 quinze
16 seize	17 dix-sept	18 dix-huit	19 dix-neuf	20 vingt

Activités (30′~45′)

1. 2～5人のグループで、1. ～ 6. のいずれかについて、外見、性格、好きなもの、話す言語などについて 3～4文を作りましょう。5分たったらクラス全体にクイズを出します。(今までに出てきたこと、とくに否定形、程度の表現を活用しましょう!)

   1.   2.   3.

   4.   5.   6. みんなが知っている人物

> ～だ être ＋形容詞   ～のようだ avoir l'air ＋形容詞   好む aimer   話す parler
> かわいい mignon, mignonne   感じのよい sympathique   いじわるな méchant(e)
> 頭のいい intelligent(e)   活動的な dynamique

2. を発表しましょう。できるだけ本を持たずに、他の人の顔を見ながら話すこと。巻物も用意しましょう。

Exercices ▸ (20′)

1. 対話を完成させましょう。

1) セリーヌは背が高いですか。   Céline est （   ） ?

  – いいえ。背は低いです。   – Non. Elle est （   ）.

2) フォレさんはどんな人ですか。   Il est comment, M. Forêt ?

  – 活動的だし、とてもいい人です。   – Il （   ） dynamique et il est

                                 （   ） sympathique.

3) リーズはおもしろいね。   Lise （   ） drôle.

  – エリックも。   – Éric aussi.

  ああ、そうだね。彼らはとっても   Ah oui, ils sont très （   ）.

  おもしろいな。

2. 音声を聞き、1 〜 20 の数 5 つを数字で書きとりましょう。 🎧30

1)   2)   3)   4)   5)

3. 音声を聞いて書きとり、言えるようにしましょう。 🎧31

1) Olivier est .... et .... très ....

2) Éric et Céline ....

Traduction

セリーヌ	：あーあ…石ばっかり！
エリック	：重いよ…
リーズ	：うそ、重くなんかないよ！
ソフィー	：肖像画があるの！ 見に来て！
オリヴィエ	：これ…ブルー王子だって。
ソフィー	：ハンサムね！ 優しそう。
王子	：洞窟の鏡を見つけるんだ…
ソフィー	：…！

Leçon 4

Tu as toujours faim !

Révision (05')

Expressions ❶ (10')

1. : J'ai faim !

: Oh, toi, tu as toujours faim !

2. : Vous n'avez pas soif ?

Tous : Si, on a très soif !

3. : Ça va, Olivier ?

: Oui, mais j'ai sommeil.

4. : Tu n'as pas chaud ?

: Non, j'ai froid.

Pour découvrir 1 (05')

1. 自分について「お腹がすいた」「眠い」「寒い」という表現に下線を引きましょう。共通している
部分はどこですか。

2. 「〜ではありませんか」という表現に〰〰〰〰を引きましょう。どう答えていますか。

4

1. : Qu'est-ce que tu as ?

   : J'ai mal à l'estomac.

2. : Qu'est-ce que vous

   avez ?

   : J'ai mal au dos.

   ◆ avoir mal au dos　背中・腰が痛い

3. : Lise a l'air fatiguée.

   : Oui, elle a mal à la tête.

   ◆ fatigué(e)　疲れている

4. : Ça ne va pas, Céline ?

   : Non, j'ai très mal aux

   dents.

Pour découvrir **2** (05')

1. 「どうしたの」とたずねる表現に下線を引きましょう。

2. 「痛い」という表現に〜〜〜を引きましょう。

3. どこが痛いかを表す部分を○で囲みましょう。

1 身体の状態は動詞 **avoir** を使って表します。

僕はお腹がすいた。	J'ai ( ).
あなた、暑くないの?	Tu ( ) ( ) ( ) ( )?
君たち、のど渇いてないか?	Vous ( ) ( ) ( ) soif ?
はい、とっても渇いてます。	Si, on ( ) ( ) ( ).

2 「〜が痛い」にも動詞 **avoir** を使います。どこが痛いかは〈à +定冠詞+身体の部分を表す名詞〉で表します。

頭	la tête	J'ai mal ( ) ( ) ( ).
胃・お腹	l'estomac	Tu ( ) ( ) ( ) ( ) ( ).
背中・腰	le dos	Il ( ) ( ) ( ) ( ).
歯	les dents	Elle ( ) ( ) ( ) ( ).

3 前置詞 à のあとに定冠詞が続くと次のような形になります。

à + la → **à la**   à + le → ( )
à + l' → **à l'**   à + les → ( )

前置詞 de のあとに定冠詞が続くと次のような形になります。

de + la → **de la**   de + le → **du**
de + l' → **de l'**   de + les → **des**

◆このように定冠詞の形が変わるのは à と de に続くときのみ。
◆ le, la は母音で始まる名詞の前では l'

4 **avoir** の現在形

j'	ai	nous	avons
tu	( )	vous	( )
il	( )	ils	ont

5 否定形で尋ねられた場合、返事の内容が肯定形なら( )、否定形なら non で答えます。

Vous n'avez pas soif ?   – ( ), on a très soif.
Tu n'as pas faim ?   – ( ), je n'ai pas faim.

 Scène 4 (20′) 36 37

作業は続きます。けれどもソフィーは肖像画のことが頭から離れません。

trop あまりにも   rien 何も

: Ça va ? Vous n'êtes pas trop fatigués ?

: Oh, si, nous sommes très fatigués.

: J'ai chaud !

: J'ai soif et j'ai mal au dos !

: Moi, j'ai très faim !

みんなはおやつを食べ始めますが…

: Et toi, Sophie, tu n'as pas faim ?

: Non.

: Qu'est-ce que tu as ?

: Rien. J'ai un peu froid.

◀ **Prononciation** (05′) ⟨38⟩

1. **au** はどう読みますか。   chaud   **au** dos   **aux** dents
   [au], [ou] それとも [o] ?

2. **ch** はどうですか。[tʃ] それとも [ʃ] ?   **ch**anter   **ch**aud

3. **qu**, **gu** はどうでしょう。クェ、クァ   **qu**'est-ce **qu**e   **qu**atre
   やグェのように聞こえますか。   fati**gu**é   une lan**gu**e

   ◆ qu は [k], gu は [g] と読みます。

Vocabulaire (05′)   21 ～ 69 ⟨39⟩

21 vingt et un	22 vingt-deux	23 vingt-trois	[...]
30 trente	31 trente et un	40 quarante	41 quarante et un
50 cinquante	51 cinquante et un	60 soixante	61 soixante et un
69 soixante-neuf			

Activités (30′~45′)

1. Expressions❶ 、 Expressions❷ とリストを参考にして、できるだけおおげさに身振りをつけながら近くの人と話しましょう。5 分たったら遠くの人と発表です。

   足   les pieds   脚   les jambes   眼   les yeux   のど   la gorge

   例1   *A* : Vous n'avez pas soif ?

          B : Si, moi, j'ai très soif.

          C : Moi, je n'ai pas soif. J'ai faim.

   例2   *A* : Qu'est-ce que tu as ?

          B : J'ai mal à la tête.

          C : (あとから来て*A*に) Qu'est-ce qu'il a, *B* ?

          A : Il a mal à la tête.

2. Scène4 を発表しましょう。表情や身振りも工夫すること。

Exercices (20′)

1. 対話を完成させましょう。

1) 眠いの？   Tu (   ) sommeil ?

    – うん、とっても眠いんだ。   – Oui, (   ) (   ) très sommeil.

2) 暑くない？ あなたたち。   Vous (   ) (   ) (   )

                                           chaud ?

    – とても暑いよ。   – Si, on (   ) très chaud.

3) どうしたの？   (   ) (   )-(   ) (   )

                                           tu as ?

    – 歯が痛いの。   – J'ai mal (   ) dents.

2. 音声を聞き、21 〜 69 の数 5 つを数字で書きとりましょう。 (40)

1)   2)   3)   4)   5)

3. 音声を聞いて書きとり、言えるようにしましょう。 (41)

1) J'ai ....

    – Oh, ... toujours sommeil !

2) Qu'est-ce .... ?

    – J'ai ....

Traduction

フォレさん	：大丈夫かい。みんな疲れすぎじゃないか。
セリーヌ	：とっても疲れてます。
オリヴィエ	：暑いよ。
リーズ	：のどが渇いたし腰が痛い！
エリック	：僕、すごく腹へったな.
オリヴィエ	：ねえ、ソフィー、お腹すいてないの？
ソフィー	：ううん、すいてない。
エリック	：どうしたんだ？
ソフィー	：べつに。ちょっと寒いの。

Leçon 5

Il est minuit moins cinq.

 Révision (05')

Expressions ❶ (10')

1. : Quelle heure est-il ?

  : Il est trois heures.

2. : Quelle heure est-il ?

  : Il est onze heures et demie.

3. : Quelle heure est-il ?

  : Il est midi vingt.

4. : Quelle heure est-il ?

  : Il est minuit moins cinq.

Pour découvrir 1 (05')

1. quelle heure はどう聞こえますか。trois heures はどうですか。

2. 「～時」「半」「～分」「～分前」にあたる表現に下線を引きましょう。

3. midi、minuit はどんな意味ですか。

1. : Il fait beau ?

: Non, il fait mauvais.

5

2. : Quel temps fait-il

aujourd'hui ?

: Il pleut.

3. : Il fait froid !

: Tiens, il neige !

4. : Il fait beau !

: Oui, mais il fait chaud.

J'ai soif !

Pour découvrir **2** (05′)

1. 天候の表現と時刻の表現に共通しているのは何ですか。

2. 天候の表現によく使われる動詞は何ですか。

3. Il fait chaud. と J'ai chaud. は同じ意味ですか。

1 時刻をたずねる表現

(　　　　　) (　　　　　) (　　　)-(　　　) ?

2 時刻の表現

1時です。　　　　　　　(　　　) (　　　　) une (　　　　　).

6時半です。　　　　　Il est (　　) (　　　　) (　　) (　　　　).

夜中の12時20分です。　Il est (　　　　) (　　　　).

昼の12時10分前です。　Il est (　　　　) (　　　　) (　　　).

3 天候を表すには次のような表現を使います。

天気がよい。　　　　Il fait (　　　　).　　　　　[faire]

天気が悪い。　　　　Il fait (　　　　　).

暑い。　　　　　(　　) (　　　) (　　　　　).

寒い。　　　　　(　　) (　　　) (　　　　).

雨が降っている。　(　　) (　　　　).　　　[pleuvoir]

雪が降っている。　(　　) (　　　　).　　　[neiger]

◆主語 il は人やものを表す名詞を受けるわけではない。「非人称」の il。

4 **faire** は非常に意味の広い大切な動詞です。

私はテニスをします。　Je fais du tennis.

料理はなさいますか。　Vous faites la cuisine ?

サラダを作ろう　　　On fait une salade !

faire の現在形

je (　　　)　　nous　faisons
tu　fais　　　vous (　　　)
il (　　)　　ils　　font

◆ nous **fai**sons の発音に注意。ai を例外的に [ə] と読む。
vous の形が -ez、ils の形が -ent で終わらない動詞はごく少数。

Scène 5 (20') ◀46▶ ◀47▶

フランスの夏は 10 時ごろやっと日が暮れます。それなのに…

il fait noir　暗い　　　on rentre < rentrer　帰る　　　un parchemin　羊皮紙　　　un plan　地図

: Il fait noir !

: Quelle heure est-il ?

: Cinq heures.

: Ah, il pleut !

急に雨が降り出しました。どしゃぶりです。

: Vite ! On rentre !

みんなテントに向かって駆けだしましたがソフィーははっとして立ちどまります。

: Oh ! Le parchemin...

: Qu'est-ce que tu fais, Sophie ?

濡れた羊皮紙を広げると裏に何か浮かび上がっています。セリーヌももどって来ます。

: Mais qu'est-ce que c'est ?

: Ce n'est pas un plan, ça ?

1. **eu** はどう読みますか。 deux il pleut

◆ **eu** は語末では [ø]。唇をぐっと丸めて「エ」を発音します。舌が奥に下がらないように。

2. つぎの **eu** はどうですか。 neuf une heure

◆ あとに発音する子音があれば [œ]。唇を [ø] より軽く丸めて「エ」を発音します。

3. **oi** はどう読みますか。 trois froid
[oi] それとも [wa]？

▌Vocabulaire▐ (05′) 70 ～ 79 ◀49▶

		69 soixante-neuf
70 soixante-dix	71 soixante et onze	72 soixante-douze
…………………		79 soixante-dix-neuf
80 quatre-vingts	81 quatre-vingt-un	89 quatre-vingt-neuf
90 quatre-vingt-dix	91 quatre-vingt-onze	99 quatre-vingt-dix-neuf

Activités (30′~45′)

1. 時刻を言う練習をしましょう。

1）2 ～ 4 人で練習しましょう。1 人がフランス語で時刻をたずね、もう 1 人がフランス語で答えます。
他の人は聞きとって時計に針を描きこみます。

Quelle heure est-il ? – Il est ...

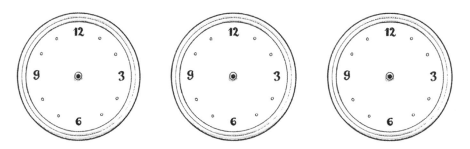

2）針を描いた時計を1つ選び、フランス語で時刻を言いましょう。クラス全体が通訳します。

2. ![Scène 5] を発表しましょう。小道具として巻物も用意しましょう。

(20′)

1. 対話を完成させましょう。

1) 天気、いい?　　　　　　　　　　Il fait (　　　　　　　)?

　　– ううん、雨だよ。　　　　　　– Non, (　　　　　) (　　　　　　).

2) 寒いな(暑くない)。　　　　　　Il (　　　) (　　　) (　　　) chaud.

　　– 帰りましょうか。　　　　　　– On (　　　　　)?

3) スポーツなさいますか。　　　　(　　　　　) (　　　　　　) du sport?

　　– ええ、スキーをします。　　　– Oui, je (　　　　) du ski.

2. 音声を聞き、数字5つを書きとりましょう。🎧50

1)　　　　　　2)　　　　　3)　　　　　4)　　　　　5)

3. 音声を聞いて書きとり、言えるようにしましょう。🎧51

1) .... heure .... - ....?

　　– Il est dix ....　..................　................. .

2) ....　.....................　.................?

　　– Non, ...　.................. .

Traduction

オリヴィエ　　：暗いな！

フォレさん　　：何時だろう。

セリーヌ　　　：5時です。

エリック　　　：あ、雨だ！

フォレさん　　：早く！帰ろう！

ソフィー　　　：ああ！羊皮紙が…

リーズ　　　　：何してるの、ソフィー？

セリーヌ　　　：わあ、それなに？

リーズ　　　　：地図じゃないの、それ？

Qu'est-ce que tu fais samedi ?

Révision (05')

 Expressions❶ (10') 52 53

1. : Qu'est-ce qu'on fait dimanche ?

: On va à la fête du village.

: Super !

◆ on va < aller　行く

2. : Qu'est-ce que tu fais samedi ?

: Je vais chez des amis.

◆ chez ～　…の家に

3. : Vous partez tôt demain ?

: Oui, je pars à six heures.

◆ partir　出発する

Pour découvrir **1** (05')

1. 何をするかたずねる表現に下線を引きましょう。

2. 動詞を○で囲みましょう。

3. 時の表現が5つあります。〰〰を引きましょう。

1. : On va manger à huit heures.

: J'ai déjà faim.

: Mange une pomme !

◆ déjà　もう

2. : Il est minuit.

: On va rentrer.

: Oui, rentrons vite !

6

3. : Tu vas lire ?

: Non. J'ai sommeil. Je vais dormir.

: Dormez bien !

Pour découvrir **2** (05′)

1. これからすることを言う(たずねる) 表現が4つあります。下線を引きましょう。共通していることは何ですか。

2. !で終わる文に共通していることは何ですか。

1 「これからすること」は動詞の現在形または〈**aller** + 原形〉で表します。

日曜日は何するの？　　Qu'est-ce que tu (　　　　　) dimanche ?

帰ろう。　　　　　　　On (　　　) (　　　　　).

2 aller はもともと「行く」という意味の動詞です。活用は不規則。

村のお祭りに行くのよ。　　On (　　　) à la fête du village.

友だちの家に行くんだ。　　Je (　　　) chez des amis.

aller の現在形

je (　　　)		nous	allons
tu (　　　)		vous	(　　　　)
il (　　　)		ils	vont

◆元気？　Tu vas bien ?　　　お元気ですか？　Vous (　　　　) bien ?

3 partir, sortir, dormir などは同じ型の活用をします。

partir の現在形

je par(　)	nous	partons
tu pars	vous	par(　　　)
il part	ils	partent

dormir の現在形

je dors	nous	dormons
tu dor(　)	vous	dor(　　　)
il dor(　)	ils	dor(　　　)

◆複数の形に -ir の直前にある子音が現れる。

4 命令形は現在形から主語の代名詞をとって作ります。

[tu に]　　帰りなさい。　Rentre !　　　よく眠りなさい。　(　　　　) bien !

[vous に]　帰りなさい。　(　　　　) !　　よく眠りなさい。　(　　　　) bien !

[nous に]　帰ろう。　　　(　　　　) !　　よく眠ろう。　　Dormons bien !

◆ -er で終わる動詞の場合は tu のつづりに注意。　tu manges → Mange.

 (20') 56 57 ──────────────────

6

雨に濡れて浮き出てきた地図には城の地下にある通路が示されています。

sous 〜　…の下に　　un chateau　城　　quand　いつ　　pendant la nuit　夜の間　　un secret　秘密

: Regardez ! Il y a une grotte sous le château.

5 人は地図をじっと眺めます。

: On va trouver cette grotte !

: Mais quand ?

: Demain matin. Et on ne va pas travailler.

: Oh ! Monsieur Forêt ne va pas aimer ça !

: Alors, pendant la nuit ?

: Oui, mais c'est un secret.

: Samedi à minuit, alors.

フォレさんには内緒で探検に出かけることになりました。

1. é はどう読みますか。　　　　　　　déjà　　　fatigué
   [e] それとも軽く [ə] ?

   ◆唇を左右に引いて「エ」を発音します。

2. è, ê はどう聞こえますか。[ɛ] それと
   も軽く [ə] ?　　　　　　très　　　une tête　　　une fête

   ◆ [ɛ] は [e] よりも口を広く開けて「エ」を発音します。
   ◆発音の細かい区別はあまり気にしないこと。なれれば自然にできるようになります。

◡ Vocabulaire (05′)　曜日 59

| 月 | lundi | 火 | mardi | 水 | mercredi | 木 | jeudi |
| 金 | vendredi | 土 | samedi | 日 | dimanche | | |

Activités (30′~45′)

1. これから1週間にすることについて近くの人と話しましょう。5分たったら発表です。聞いている人が通訳をします。

勉強する・アルバイトをする　travailler　　デートする　sortir avec un ami[une amie]

友だちに会う　voir des amis　　映画に行く　aller au cinéma

買い物をする　faire du shopping　　家にいる　rester chez moi[toi]

例1　A : Qu'est-ce que tu fais mardi ?

B : Je vais voir des amis.

例2　A : Qu'est-ce qu'on fait vendredi ?

B : On va aller au cinéma !

A : On part à quelle heure ?

B : À quatre heures.

2. Scène6 を発表しましょう。声や身振りを工夫すること。

Exercices (20′)

1. 対話を完成させましょう。

1) 明日何するの？　　　　　　　Qu'est-ce que (　　　) (　　　) demain ?

– 友だちの家に行くんだ。　　　– Je (　　　) chez des amis.

2) 何時に出るの？　　　　　　　Tu (　　　) à quelle heure ?

– 10 時半。　　　　　　　　　– Je (　　　) (　　　) (　　　) heures

et (　　　).

3. あなたたち出かけないの？　　Vous (　　　) (　　　) pas (　　　) ?

– うん、勉強するんだ。　　　　– Non, on (　　　) travailler.

2. 音声を聞いて 1 ～ 20 の数を使った足し算をし、答えを数字で書きましょう 🎧60

例　Deux plus six égale combien ? (2＋6＝?)　　→ 8

1)　　　　　2)　　　　　3)　　　　　4)　　　　　5)

3. 音声を聞いて書きとり、言えるようにしましょう。🎧61

1) Tu ……………………… ……………………… ?

– Non.　Je ……………………… ……………………… .

2) Il est ……………………… .

– On ……………………… ……………………… .

Traduction

オリヴィエ　：見ろよ！ 城の下に洞窟があるぞ。
リーズ　　　：この洞窟、見つけよう。
セリーヌ　　：でも、いつ？
エリック　　：明日の朝、それで仕事はしないんだ。
セリーヌ　　：わあ！ フォレさんに怒られる！
オリヴィエ　：じゃあ夜中は？
ソフィー　　：うん、でもこれ、秘密よ。
リーズ　　　：それじゃ、土曜の夜 12 時ね。

Leçon 7

Je voudrais des chaussures.

← Révision (05')

 **Expressions ❶** (10') ◁62▷ ◁63▷ ──────────

1. 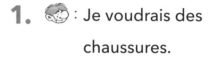 : Je voudrais des chaussures.

 : Voilà.

: Elles sont bien mais elles sont trop petites.

2. : Vous avez des piles ?

: Bien sûr. Des piles comme ça ?

: Non. Elles sont trop grosses.

20 €

3. : C'est combien, ce sac ?

: 20 euros.

: C'est trop cher pour moi !

| Pour découvrir **1** | (05')

1. 欲しいものを言う表現に下線、値段をたずねる表現に〜〜〜を引きましょう。

2. 「〜すぎる」はどう言いますか。

3. **Expressions❶** **1.** と **2.** で elles はそれぞれ何を指していますか。

1. 🙂 : Ce chapeau n'est pas mal.

🙂 : Vous le prenez ?

🙂 : Oui, je le prends.

2. 🙂 : Je voudrais cette tarte.

🙂 : La tarte aux pommes ?
Elle est très bonne.

🙂 : Alors, je la prends.

7

3. 🙂 : Elles sont très belles,
ces tulipes.

🙂 : Vous les prenez ?

🙂 : Oui, je les prends.

Pour découvrir **2** (05')

1. ものを指して「この／その〜」と言うことばを○で囲みましょう。

2. 「それ買います」という表現に下線を引き、3つを比べましょう。

3. 下線を引いた文の le, la, les はそれぞれ何を指していますか。

1 代名詞 il/ils, elle/elles はものを表す名詞の代わりもします。

Regardez *ce château* !　　　(　　　) est beau.

La tarte aux pommes ?　　　(　　　) est très bonne.

2 もの・人を指し示して「この／その／あの〜」と言うときには**指示形容詞**を使います。あとに続く名詞の性・数によって **ce**, **cette**, **ces** を使い分けます。自分からの距離による使い分けはありません。

un chapeau　　　　→ (　　　　) chapeau

une tarte　　　　　→ (　　　　) tarte

des chapeaux　　　→ (　　　　) chapeaux

des tartes　　　　 → (　　　　) tartes

◆ -u で終わる名詞の複数形を作るには -x をつける。発音は変わらない。

指示形容詞	単数形	複数形
男性形	(　　　)	(　　　)
女性形	(　　　)	

◆母音で始まる男性名詞の前では ce → **cet**　　　　ce + ami → **cet** ami

3 他動詞の後ろに前置詞なしで続く名詞は**直接目的語**です。直接目的語の名詞を繰り返さないためには、「それを」にあたる**代名詞 le**, **la**, **les** に置きかえます。名詞の（　　　）・（　　　）により使い分けます。位置は動詞の直前。

Vous prenez *ce sac* ?　　　　　　　– Oui, je (　　) prends.

Vous prenez *cette tarte* ?　　　　　 – Oui, je (　　) prends.

Vous prenez *ces tulipes* ?　　　　　– Oui, je (　　) prends.

4　**prendre** の現在形　　　　　　　　　**venir** の現在形

je (　　　)	nous	prenons
tu	prends	vous (　　　)
il	prend	ils	prennent

je (　　)	nous	venons
tu	viens	vous (　　　)
il	vient	ils	viennent

 (20') 《66》《67》 ─────────────────

土曜日の午後、5人は洞窟探検の準備を始めます。

il faut ~ …しなければならない   acheter 買う   du gaz キャンピングガス   une corde ロープ
de l'eau 水   un mètre 1メートル   parce que なぜなら

: Qu'est-ce qu'il faut acheter ?

: Du gaz, des piles, une corde...

: De l'eau et du chocolat.

雑貨屋では、まずキャンピングガスと電池を買いました。そして…

: Je voudrais aussi une corde.

: 10 mètres, ça va ?

: Non. 15 mètres, s'il vous plaît.

: Oui, parce qu'on va...

: Chut ! C'est un secret.

リーズににらまれたエリックは、ちょっとふくれて店を出て行こうとします。

: Où vas-tu ?

: Je vais acheter du chocolat.

: Je viens avec toi.

1. u, û はどう読みますか。
[u] それとも [y] ?

tu   super   une tarte   bien sûr

◆舌先を下の歯の裏につけ、唇は思い切り丸めて突き出します。舌全体を [i] と同じようにぐっと前に押しつけて発音します。

2. eau はどう読みますか。
[o] それとも [u] ?

un chapeau   de l'eau

◆狭い「オ」です。唇を丸めて発音します。

Vocabulaire (05′) 100～10 000 69

100	cent	101	cent un	120	cent vingt
200	deux cents	500	cinq cents	1 000	mille
1 999	mille neuf cent quatre-vingt-dix-neuf				
2 000	deux mille	10 000	dix mille		

Activités (30′~45′)

1. 近くの人と店でのやりとりをしましょう。今までに出てきた単語や複数形も使うこと。5 分たったら発表です。他の人が通訳をします。

腕時計 une montre   本 un livre   ノート un cahier   ペン un stylo
消しゴム une gomme   鉛筆 un crayon   辞書 un dictionnaire

例　　客 : Je voudrais cette montre.

　　店員 : Voilà, elle est bien.

　　　客 : C'est combien ?

　　店員 : 50 euros. Vous la prenez ?

　　　客 : Oui, je la prends. / Non, c'est trop cher pour moi.

2. 🎬を発表しましょう。できるだけ他の人の顔を見ながら話すこと。

1. 対話を完成させましょう。

1) ペンが欲しいんですが。　　　　　Je (　　　　　　　) un stylo.

　　– はい。これはいいですよ。　　　– Voilà. (　　　　) est bien.

2) この帽子、とてもきれいですね。　(　　　　　) chapeau est très joli.

　　– これになさいますか。　　　　– Vous (　　　　) prenez ?

　　ええ、いただきます。　　　　　Oui, (　　　　) (　　　　) (　　　　　　　).

3) あなたたちいっしょに来る？　　　Vous (　　　　　　) avec moi ?

　　– うん、いっしょに行く。　　　– Oui, je (　　　　　　) avec toi.

　　– 僕は行かない。　　　　　　– Moi, je (　　　) viens (　　　　　).

2. 音声を聞き、100~10 000 の数 5 つを数字で書きとりましょう。🎧70

1)　　　　　　2)　　　　　　3)　　　　　　4)　　　　　　5)

3. 音声を聞いて書きとり、言えるようにしましょう。🎧71

1) Je ....

　– Voilà. Il .... très ....

2) Vous .... chaussures ?

　– Oui, je ....

Traduction

オリヴィエ　　：何を買うの？

リーズ　　　　：キャンピングガス、電池、ロープ…

セリーヌ　　　：水とチョコレート。

ソフィー　　　：ロープも欲しいんですが。

店員　　　　　：10 メートルでいいですか。

ソフィー　　　：いいえ、15 メートルお願いします。

エリック　　　：そう、だって僕たち…

リーズ　　　　：シーッ！ 秘密でしょ。

オリヴィエ　　：どこ行くんだよ？

エリック　　　：チョコレート買いに。

セリーヌ　　　：いっしょに行く。

Leçon 8

Où est Sophie ?

← Révision (05′)

 **Expressions ❶** (10′) 72 73 ━━━━━━━━━━━━

1. 🧔🍷 : Où est Éric ?

　　👧 : Il est sur la tour.

2. 🧔🍷 : Où est Céline ?

　　👩 : Elle est sous l'escalier.

3. 🧔🍷 : Où est Olivier ?

　　👦 : Il est dans la cour.

4. 🧔🍷 : Où est Lise ?

　　👧 : Elle est devant le

　　　　château.

5. 🧔🍷 : Où est Sophie ?

　　👦 : Elle est derrière la porte.

Pour découvrir **1** (05′)

1. 「〜はどこ?」とたずねる表現に下線を引きましょう。

2. 「(…の)〜に」と位置を示す表現に〜〜〜を引きましょう。

50　*cinquante*

Expressions ❷ (10') 74 75

1. : Céline ! Céline !

: Oui, je suis là.

: Mais je ne te vois pas !

2. : Hé oh ! Où êtes-vous ?

: Ici ! Vous nous voyez ?

: Ah ! Ils sont dans la tour.

8

3. : Où sont les filles ?

: Tiens, je les entends.

Elles arrivent.

Pour découvrir **2** (05')

1. 「〜が見える」「〜が聞こえる」という動詞に下線を引きましょう。

2. 下線を引いた動詞の直前にある語を○で囲みましょう。

3. 「ここ」を示すことばが2つあります。どれでしょう。

1 位置の表現 (1)

La cigogne est （　　　　） la cheminée.

Le chien est （　　　　） la niche.

Olivier est （　　　　） l'arbre.

Sophie est Lise sont （　　　　） la maison.

Éric est （　　　　） la porte.

Le puits est à côté de la maison.

Céline est （　　　　） du puits.

la cigogne

la cheminée

l'arbre

la maison

le chien　la niche　le puits

2 直接目的語には次のような代名詞を使います。(→ p. 46 **3**)

主語	je	tu	il	elle	nous	vous	ils / elles
直接目的語	**me**	**te**	（　）	**la**	（　）	**vous**	（　　　）

◆母音で始まる語の前では je, me, te, le, la → j', m', t', l', l'

3 **voir** の現在形　　　　　　　　**entendre** の現在形

je （　）	nous voyons	j' （　　　）	nous entendons
tu voi（　）	vous （　　　）	tu entends	vous （　　　）
il voi（　）	ils voient	il entend	ils entendent

◆動詞の活用は je, vous の形を覚えておけばあとは類推でわかる。例外的な形は間違って当然！

Scène 8 (20′) 76 77

土曜日の真夜中、5人は地下道を進みます。

1. Tiens, il y a plusieurs galeries.

2. Où est-ce qu'on est maintenant?

3. Tu as le plan, Sophie?

4. On est... ici.

6. C'est étroit!

5. Donc, on prend cette galerie.

8. Qu'est-ce qu'on fait? On rentre?

9. Non. Continuons.

7. J'ai peur. On va se perdre ...

plusieurs　いくつもの　une galerie　通路　maintenant　今　étroit(e)　狭い
avoir peur　恐い　se perdre　迷う　continuons < continuer　進み続ける（命令形）

◀ *Prononciation* (05′) 〔78〕

1. **an, en** は [ɑ̃] と読みます。「アン」と比べましょう。　　dans　dimanche　je prends　on rentre

2. **in, ain, aim** は [ɛ̃] と読みます。「エン」と比べましょう。　　un parchemin　cinq　demain　faim

   ◆ [ɑ̃][ɛ̃] は鼻母音です。「アン」「エン」は「ン」を発音するときにあごが動きますが、鼻母音は発音の途中であごが動くことはありません。また、最後まで舌はどこにもつきません。

Vocabulaire (05′)　位置の表現 (2)　〔79〕

（〜の）横に	à côté (de…)	（〜の）まん中に	au milieu (de…)
（〜の）右に	à droite (de…)	（〜の）左に	à gauche (de…)

Activités (30′~45′)

1. リストと今までに出てきた単語を使って話しましょう。

教室　la salle　机　la table　椅子　la chaise　窓　la fenêtre　壁　le mur

Ⓐ 身の回りのものをいろいろな場所に置いて、近くの人と位置についてやりとりをしましょう。5分たったら発表です。他の人が通訳をします。

例　　*A* : Où est le dictionnaire ?
　　　B : Il est dans le sac.

Ⓑ 2〜4人のグループで p.52 のイラストを見ながらやりとりをしましょう。

例　　*A* : Où est le chien ?
　　　他の人 : Il est devant la niche.

2. 〔Scene 8〕を発表しましょう。身振りや表情もつけること。地図（巻物）も用意しましょう。

1. 対話を完成させましょう。

1) 男の子たち見える？ あそこ。　　　Tu (　　　　) les garçons, là ?

　 – うん、見える。　　　　　　　　　– Oui, (　　　) (　　　) (　　　).

2) 私の声、聞こえますか。　　　　　Vous (　　　　) entendez ?

　 – いえ、よく聞こえません。　　　 – Non, je ne (　　　) (　　　) pas bien.

3) 僕のこと好き？　　　　　　　　　Tu (　　　　) aimes ?

　 – 好きよ！　　　　　　　　　　　– Oui, (　　　) (　　　) (　　　) !

2. 音声を聞き、1 〜 100 の数 5 つを数字で書きとりましょう。 🎧80

1)　　　　　　2)　　　　　　3)　　　　　　4)　　　　　　5)

3. 音声を聞いて書きとり、言えるようにしましょう。 🎧81

8

1) .... les filles ?

　 – Elles sont ....

2) – Où .... - .... ?

　 – .... là ! Vous .... ?

Traduction

リーズ	：あれ、地下道がいくつもある。
オリヴィエ	：今、僕たちどこにいるんだろう。
セリーヌ	：地図持ってる？ ソフィー。
ソフィー	：私たち…ここにいるんだ。
オリヴィエ	：なら、この通路だ。
リーズ	：狭いなー！
エリック	：恐いよ。迷子になるよ…
セリーヌ	：どうする？　帰る？
ソフィー	：ううん。行こう。

Qu'est-ce que tu as fait cet après-midi ?

Révision (05')

Expressions ① (10')

1. : Qu'est-ce que tu as acheté ?

: J'ai acheté du pain et des légumes.

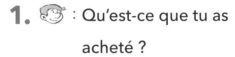

2. : Vous avez déjeuné au restaurant ?

: Non. On a mangé un sandwich dans un café.

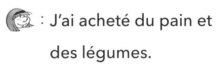

3. : Tu as téléphoné à Marie ?

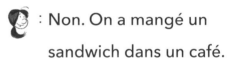

: Oui, et j'ai parlé longtemps.

◆ longtemps 長いこと

Pour découvrir 1 (05')

1. 動詞の部分に下線を引きましょう。6つあります。

2. 6つの形に共通していることは何ですか。

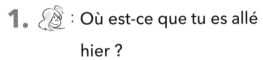

1. 🧑 : Où est-ce que tu es allé hier ?

　　　🧑 : Je suis allé chez des amis.

2. 🧑 : Quand est-ce que Sophie est arrivée ?

　　　🧑 : Elle est arrivée la semaine dernière.

3. 🧑 : Comment est-ce que vous êtes entrés ?

　　　🧑 : Nous sommes entrés par la fenêtre.

Pour découvrir **2** (05')

1. 動詞の部分に下線を引きましょう。6つあります。

2. 6つの形に共通していることは何ですか。**Expressions❶** で見た形との違いは何ですか。

3. 「どこに」「いつ」「どうやって」にあたることばに〜〜〜を引きましょう。

1 ことがらを過去の出来事として表すには**複合過去形**を使います。

きのうはどこに行ったの？　　　　　Où est-ce que tu (　　　) (　　　　) hier ?

複合過去形はことがらを現在の状態（完了段階に達していること）として表すときにも使います。

電車はもう出た。（乗り遅れた）　　　Le train est déjà parti.
お昼は食べた。（その結果、おなかは空いていない）　J' (　　　) (　　　　　).

◆複合過去形の作り方
　　ほとんどの動詞　　（　　　　　）の現在形＋過去分詞
　　一部の自動詞　　　（　　　　　）の現在形＋過去分詞

acheter の複合過去形

j'	ai	acheté	nous	avons	acheté
tu	as	acheté	vous	avez	acheté
il	a	acheté	ils	ont	acheté

aller の複合過去形

je	suis	allé(e)	nous	sommes	allé(e)s
tu	es	allé(e)	vous	êtes	allé(e)(s)
il	est	allé	ils	sont	allés
elle	est	allée	elles	sont	allées

◆ être を助動詞にとる自動詞のほとんどは移動を表すものです。

aller 行く	venir 来る	entrer 入る	sortir 出る
arriver 着く	partir 出発する	rester とどまる	tomber 落ちる
monter 上がる	descendre 下りる	naître 生まれる	mourir 死ぬ

◆助動詞が être の場合、過去分詞は主語の性・数に一致する。
　　彼女は先週来た。　　　　Elle (　　　　) arrivé**e** la semaine dernière.
　　僕たちは窓から入った。　Nous (　　　　) entré**s** par la fenêtre.

2　-er で終わる動詞の過去分詞は原形の語尾 -er を -é に変えて作ります。
　-er → -é　　acheter → (　　　　　)　　parler → (　　　　　)
　　　　　　　　entrer → (　　　　　)　　aller → (　　　　　)
　◆ faire の過去分詞は **fait**

 Scène 9 (20′) 86 87

洞窟は地下道のつきあたりにあるはずです。

au bout de ～ …の終わりに   attention 注意   un trou 穴   quelque chose 何か
presque ほとんど   rien 何も   attends < attendr 待つ（命令形）

1. j, g はどう読みますか。　　　　　déjeuné　　japonais
日本語のジャ行の音と比べるとどこ
が違いますか。　　　　　　　　　　　mangé　　un village

　　◆ j は [ʒ] と読みます。g も e, i の前では [ʒ] と読みます。（それ以外は [g]：légume, galerie, grotte）
　　　[ʒ] は唇を丸め、前に突き出して発音します。舌が上あごに触れないように。

2. on, om はどう読みますか。　　　　un garçon　　　tombé
[on], [om] それとも [ɔ̃]？

　　◆ on, om は [ɔ̃]。「オ」を鼻に響かせます。発音の途中であごが動かないように。舌をどこにもつけず、
　　　口を開けた状態で終わります。

Vocabulaire (05′) 時の表現 ◀89◀

2年前　il y a deux ans	去年　l'an dernier	先月　le mois dernier
先週　la semaine dernière	この前の日曜日　dimanche dernier	
おととい　avant-hier	きのう　hier	きのうの夜　hier soir
今日　aujourd'hui	今朝　ce matin	今日の午後　cet après-midi

Activités (30′~45′)

1. 今までに出てきた単語や表現（とくに Leçon 6、7）を使い、過去にしたことについて近くの人と話しましょう。
　　5分たったら発表です。遠くの人とも話しましょう。他の人が通訳をします。

　　　　例　　*A* : Où est-ce que tu es allé(e) hier ?

　　　　　　　B : Je suis allé(e) à Shinjuku.

　　　　　　　A : Qu'est-ce que tu as fait ?

　　　　　　　B : J'ai fait du shopping.

　　　　　　　A : Qu'est-ce que tu as acheté ?

　　　　　　　B : J'ai acheté un sac.

2. 🎬 を発表しましょう。声の調子を工夫しましょう。

1. 対話を完成させましょう。

1) お昼ごはん、すんだ？　　　　　Tu (　　　) (　　　　) ?

　　– ええ、サラダを食べたわ。　　– Oui, (　　) (　　) (　　　) une salade.

2) 彼はいつパリに行ったの？　　　Quand est-ce qu'il (　　　) (　　　　)

　　　　　　　　　　　　　　　à Paris ?

　　– 3年前。　　　　　　　　　– (　　　) (　　　) (　　　) trois ans.

3) きのうの晩は何時に帰ったの？　À quelle heure est-ce que (　　) (　　)

　　　　　　　　　　　　　　　rentrés hier soir ?

　　– 9時に帰ってきたんだ。　　　– Nous (　　　) (　　　) à neuf heures.

2. 音声を聞き、101〜1 000 の数5つを数字で書きとりましょう。 🎧90

1)　　　　　　2)　　　　　　3)　　　　　　4)　　　　　　5)

3. 音声を聞いて書きとり、言えるようにしましょう。 🎧91

1) .... du pain ?

　– Oui, bien sûr.

2) Qu'est-ce que .... cet après-midi ?

　– .... chez des amis.

Traduction

ソフィー　：通路の一番奥まで来たよ！

セリーヌ　：気をつけて、穴があるから！

オリヴィエ：しまった！ エリックが落ちた。大丈夫か、
　　　　　　エリック？

エリック　：大丈夫だよ。落ちてなんかいないさ、洞
　　　　　　窟にいるんだ！ 洞窟を見つけたんだよ！

オリヴィエ：何か見えるか？

エリック　：何かあるけど、ほとんど何も見えないよ。

リーズ　　：ちょっと待ってて。ランプを持って降りる
　　　　　　から。

10

Nous avons vu un beau film.

←Révision (05′)

Expressions❶ (10′) ⟨92⟩ ⟨93⟩

1. : Vous êtes sortis hier soir ?

 : Oui, nous avons vu un beau film.

: Un film chinois !

◆ vu < voir

2. : Qu'est-ce que tu as fait cet après-midi ?

: J'ai lu un bon livre : un roman japonais.

◆ lu < lire

3. : Tes parents sont venus samedi ?

: Oui, Nous sommes allés manger dans un bon restaurant italien.

◆ venu < venir

| Pour découvrir **1** | (05′) |

1. 名詞に下線を引きましょう。

2. 名詞にかかる形容詞を○で囲みましょう。どんな位置にありますか。

3. 動詞に〰〰を引きましょう。

1. 👦 : Tu me prêtes ce
   blouson ?

   👧 : Ce blouson rouge ?
   D'accord.

   👦 : Merci. C'est gentil.

   ◆ prêter　貸す
   　rouge　赤い

2. 👧 : Je te montre ma
   nouvelle jupe ?

   👧 : Cette jupe longue ?
   Elle est jolie.

   ◆ montrer　見せる

10

3. 👧 : Il fait froid, mais Éric n'a
   pas de pull.

   👦 : Alors, je lui prête ce gros
   pull vert.

   ◆ vert(e)　緑色の
   　gros(se)　厚い

| Pour découvrir ❷ | (05′)

1. 名詞に下線を引き、それにかかる形容詞を○で囲みましょう。

2. 「私に」「あなたに」「彼に」にあたることばを□で囲みましょう。

1 過去分詞の作り方は原形の語尾によって3つのタイプにわかれます。

   1. **-er** → - (   )   regard**er** → (   )

   2. **-ir** → - (   )   dorm**ir** → dorm**i**   sort**ir** → (   )

   3. **-oir, -re** → **-u**   v**oir** → (   )   entend**re** → entend**u**

   4. 例外   avoir → **eu**   être → **été**

                     prendre → **pris**   faire → (   )

                     lire → (   )   venir → (   )

2 形容詞は、ふつう名詞の(   )にきます。

   ・とくに色、形、国籍などを表すものは必ず名詞の(   )です。

     緑色のセーター   un pull (   )

     中国の映画   un film (   )

   ・いくつかの形容詞は名詞の(   )にきます。

     厚いセーター   un (   ) pull

     美しい映画   un (   ) film

   ・2つの形容詞をつける場合も同じです。

     厚い緑色のセーター   un (   ) pull (   )

3 「(…を)…に〜する」は〈動詞（＋直接目的語）＋間接目的語〉で表します。**間接目的語**は多くの場合〈à ＋名詞〉です。〈à ＋人を表す名詞〉の代わりには間接目的語の代名詞を使います。

     エリックに電話する。   Je téléphone *à Éric*.   → Je **lui** téléphone.

     エリックにこのセーターを貸す。 Je prête ce pull *à Éric*. → Je **lui** prête ce pull.

主語	je	tu	il	elle	nous	vous	ils	elles
直接目的語	me	te	le	la	nous	vous		les
間接目的語	( )	( )	( )		**nous**	**vous**		**leur**

    ◆母音の前では je, me, te, le, la → j', m', t', l', l'

 Scène 10 (20′) (96) (97)

ランプの光に照らし出されたのは鎧や剣。槍もあります。

génial(e) すばらしい	une épée 剣	incroyable 信じがたい	un vêtement 服
ancien(ne) 古い	une robe ドレス	bleu(e) 青い	magnifique 見事な

10

: C'est génial ! Regarde tout ça !

: Et ces épées !

女の子たちは大きな箱を見つけ、おそるおそる重いふたを開けてみます。

: C'est incroyable !

: Ce sont des vêtements très anciens.

: Vous avez vu ces robes ?

: Cette robe bleue est magnifique !

つぎつぎに衣装を取り出していくと箱の底でキラリと光るものがあります。

: Tiens, qu'est-ce que c'est ?

: C'est un miroir.

: Un miroir ? Tu me donnes ça, Céline !

「鏡を見つけるんだ」という王子のことばはソフィーしか知りません。

◄ *Prononciation* (05′) 98

1. **il, ill** はどう読みますか。　　　　une fille　　sommeil　　　gentille

　　◆多くの場合 il, ill は [ij] と発音します。[j] は「ヤ」行の音に似ています。

　　◆[il] と発音する語もあります。　　mille　　　un village

2. **gn** は [gn] と読みますか。　　　　magnifique　　　l'Espagne　　スペイン

　　◆[ɲ] と読みます。「ニャ」行の音に似ています。

Vocabulaire (05′) 　色を表す形容詞　99

赤い	ピンクの	黄色の	オレンジ色の	茶色の
rouge	rose	jaune	orange	marron

青い	黒い	緑色の	グレーの	白い
bleu	noir	vert	gris	blanc
bleue	noire	verte	grise	blanche

Activités (30′~45′)

1. リストと **Expressions❶** 、 **Expressions❷** を参考にして、近くの人と話しましょう。5分たったら発表です。他の人が通訳をします。

un roman	beau, belle	ancien, ancienne
un pull	petit, petite	français, française
une voiture	gros, grosse	rouge

　　例1　*A* : Qu'est-ce que tu as acheté ?

　　　　　B : J'ai acheté un beau pull rouge.

　　例2　*A* : Regarde cette grosse voiture* !　　　　　　　*grosse voiture　大きな車

　　　　　B : C'est une voiture très ancienne.

2. [Scène 10] を発表しましょう。イントネーション、身振りに注意すること。鏡も用意しましょう。

Exercices (20′)

1. 対話を完成させましょう。

1) とてもいい本を見せてあげます。 　Je (　　) montre un très (　　) (　　).

　　 — ああ、この本は読みました。 　 — Ah, (　) (　) (　) ce livre.

2) マリーに会った？ 　Tu (　) (　) Marie ?

　　 — うん、きのう来たよ。 　 — Oui, elle (　　) (　　　) hier.

3) リーズ、日曜日は出かけたの？ 　Lise, tu (　) (　　　) dimanche ?

　　 — ううん、家にいたよ。 　 — Non, (　) (　　) (　　　) chez moi.

2. 過去分詞に対応する動詞の原形を書きましょう。

1) parti 　 (　　　　　) 　2) entendu 　 (　　　　)

3) été 　　 (　　　　　) 　4) fait 　　 (　　　　)

5) dormi 　 (　　　　　) 　6) eu 　　　 (　　　　)

3. 音声を聞いて書きとり、言えるようにしましょう。 (100)

1) Qu'est-ce que .... hier ?

　 — .... un très beau film italien.

2) .... mon gros pull rouge.

　 — .... ce blouson noir aussi ? J'ai très froid.

10

Traduction
オリヴィエ　：すごいな！ 見ろよ、こんなに！
エリック　　：剣もこんなに！
セリーヌ　　：うそみたい！
リーズ　　　：すごく古い服ね。
ソフィー　　：このドレス見た？
セリーヌ　　：この青いドレス、すてき！
セリーヌ　　：あら、これ何かしら。
オリヴィエ　：鏡だ。
ソフィー　　：鏡？ それちょうだい、セリーヌ。

Leçon 11

Tu te lèves très tôt demain ?

 Révision (05')

 Expressions❶ (10') 101 102

1. 🙂 : Vous vous voyez souvent ?

🙂 : Oui, on se voit toutes les semaines.

◆ se voir　会う

2. 🙂 : Au revoir.
On se téléphone ?

🙂 : D'accord.
On se téléphone.

◆ se téléphoner　電話しあう

3. 🙂 : Ces deux chiens ne s'aiment pas.

🙂 : Oh là là ! Ils vont se battre !

◆ se battre　けんかする

Pour découvrir **1** (05')

1. 主語を○で囲み、動詞の部分に下線を引きましょう。

2. se (s') にはどんな意味がありますか。

1. 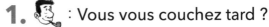 : Vous vous couchez tard ?

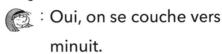 : Oui, on se couche vers minuit.

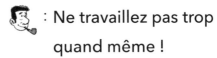 : Ne travaillez pas trop quand même !

◆ se coucher　寝る
quand même　それにしても

2. 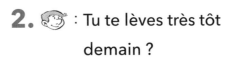 : Tu te lèves très tôt demain ?

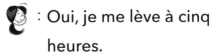 : Oui, je me lève à cinq heures.

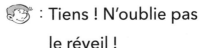 : Tiens ! N'oublie pas le réveil !

◆ se lever　起きる
oublier　忘れる

11

3.  : Il s'appelle comment, ce bébé ?

🔲 : Il s'appelle Nicolas. Mais ne parle pas trop fort ! Il dort.

Pour découvrir 2 (05')

1. 主語を○で囲み、動詞の部分に下線を引きましょう。

2. 動詞の直前にある vous, se, te, me, s' は誰を指していますか。

3. ！で終わる文に〜〜〜を引きましょう。共通点は何ですか。

1 「自分自身を〜する」「たがいに〜しあう」は〈**se** ＋動詞〉で表します。**se** は主語と同じ人やもの
を示し、主語によって形が変わります。このような動詞を**代名動詞**と呼びます。

A を寝かせる　coucher A　　→自分を寝かせる **se coucher**

12 時ごろ寝ます。　　On （　　　）（　　　　　　） vers minuit.

A を起こす　lever A　　→自分を起こす **se lever**

5 時に起きます。　　Je （　　　）（　　　　　） à cinq heures.

A に会う　voir A　　→たがいに会う **se voir**

よくお会いになりますか。　　Vous （　　　　）（　　　　　） souvent ?

A に電話する　téléphoner à A　→電話しあう **se téléphoner**

電話しあいましょう！　　On （　　　）（　　　　　　） !

se lever の現在形

je （　）（　　　　　）	nous	*nous*	levons
tu （　）（　　　　　）	vous	（　　　）（　　　　）
il （　）（　　　　　）	ils	*se*	lèvent
on （　）（　　　　　）			

◆ nous, vous 以外の形では動詞の語幹が lèv- となる。
appeler も nous, vous 以外の形では語幹が appell- となる。

◆ 否定形は〈**se** ＋動詞〉を ne...pas ではさみます。
Ils s'aiment.　→　Ils （　　）（　　）（　　　　）（　　　）.

2 否定命令形は〈**ne** ＋命令形＋ **pas**〉です。(→ p.40 **4**)

君たち働きすぎるなよ！　　（　　　）（　　　　　　）（　　　） trop.

目覚まし忘れないで！　　（　　　）（　　　　　　）（　　　） le réveil !

 Scène 11 (20′) 105 106

オリヴィエとエリックは決闘ごっこを始めます。

se battre en duel 決闘をする　tuer 殺す　tu te caches < se cacher 隠れる　pas juste ずるい
courez < courir 走る（命令形）　dangereux (dangereuse) 危険な

11

1. ui はどう読みますか。「ユ・イ」と 2   huit   je **suis**   minuit
拍に聞こえますか。

◆〈u ＋母音字〉は [ɥ-]。舌を下の歯の裏につけて、唇を強く丸めておき 1 拍で発音します。

2. -ent は発音しますか。   ils ne s'aim**ent** pas   ils vienn**ent**

◆ ils の形の活用語尾 -ent は読みません。比べましょう。   souv**ent**

Vocabulaire (05′) 毎〜 108

毎日	tous les jours	毎朝	tous les matins
毎土曜日	tous les samedis	毎週	toutes les semaines
毎月	tous les mois	毎年	tous les ans

Activités (30′~45′)

1. 3 人で代名動詞を使って話しましょう。5 分たったら発表です。聞いている人が質問に答えます。

例 1   *A* : Tu te lèves tôt ?
    B : Oui. Je me lève à six heures.
    C : B se lève à quelle heure ?（クラス全体に）
 Tous : Il/Elle se lève à six heures.

例 2   *A* : Toi et X, vous vous voyez souvent ?
    B : Oui, on se voit tous les jours.
    C : B et X, ils/elles se voient souvent ?（クラス全体に）
 Tous : Oui, ils/elles se voient tous les jours.

2. [Scene 11] を発表しましょう。できれば剣と鏡（に代わるもの）も用意し、身振りもつけること。
でも Ne courez pas trop !

1. 対話を完成させましょう。

1) 僕たち明日の朝5時に起きるんだ。 On (　　　) (　　　　　) à cinq heures demain matin.

　－ じゃ、早く寝るのね。 － Vous (　　　　　) (　　　　　　　) tôt alors !

2) この犬たちけんかを始めるよ。 Ces chiens vont (　　　) (　　　　　　　).

　－ 恐いよ、隠れよう！ － J'ai peur. Je vais (　　　) (　　　　　　　).

　　　　　　　　　　　◆原形でも se の部分は変化する。

3) さよなら。日曜日に会いましょう。 Au revoir. On (　　　) (　　　　　) dimanche !

　－ うん、土曜日に電話するね。 － Oui, je (　　　) (　　　　　　　) samedi.

2. 相手がしようとしていることをとめる文を作りましょう。

例　Je pars. → Ne pars pas.　　　　Nous chantons. → Ne chantez pas.

1) Je reste ici. →　　　　　　　　2) Je prends ce sac. →

3) Nous partons. →　　　　　　　4) Nous dansons. →

3. 音声を聞いて書きとり、言えるようにしましょう。 🎧109

1) Je .... tard et je .... tôt. J'ai sommeil.

2) Ils ne .... pas souvent mais ils ....

tous les jours.

Traduction

オリヴィエ ：決闘だ！

エリック ：殺してやる！

オリヴィエ ：リーズの後ろに隠れるのか！ 卑怯だぞ。

エリック ：ちがうよ、全然隠れてなんかいないよ！

リーズ ：あまり走らないでよ、危ないから。

ソフィー ：気をつけて！ 私の鏡！

セリーヌ ：誰かいる！

Où est-ce que tu habitais il y a dix ans ?

Révision (05′)

Expressions ❶ (10′) ◁110 ◁111

1. 😊 : Où est-ce que tu habitais il y a dix ans ?

😊 : J'habitais au Japon avec ma famille.

◆ habitais < habiter　住む

2. 😊 : Où est-ce que tu étais il y a six mois ?

😊 : J'étais à Londres avec mon frère.

◆ étais < être

3. 😊 : Qu'est-ce que vous faisiez il y a quatre semaines ?

😊 : Je voyageais en Afrique avec mes amis .

◆ faisiez < faire
voyageais < voyager　旅行する

Pour découvrir **1** (05′)

1. 動詞に〰〰を引きましょう。

2. 過去の時点を示す表現に下線を引きましょう。

3. 「私の」にあたる語に○をつけましょう。

1. 🧒 : Où est Lise ?

👧 : Elle était là, mais elle est partie.

2. 🧒 : Tu avais un petit chien, non ?

👦 : Oui, mais maintenant, c'est un gros chien.

◆ avais < avoir

3. 🧑 : Ton frère habite où ?

👧 : Il habitait à Reims mais il a fini ses études. Il travaille maintenant à Bordeaux.

◆ fini < finir　終える
　ses études　彼の学業

12

Pour découvrir ❷ (05')

1. 動詞の現在形に下線、複合過去形に二重下線、それ以外の形に〰〰を引きましょう。

2. 「あなたの」にあたる語に〇をつけましょう。

1 ことがらを、過去に完結した出来事として表すときは(　　　　　　　　　　)、過去のある時点に
展開中のものとして表すときは**半過去形**を使います。(→ p. 58 **1**)

中国を旅行しました。　　　　　　　　　J'ai **voyagé** en Chine.

(そのとき) 中国を旅行していました。　　Je **voyageais** en Chine.

◆半過去形の作り方

語幹は現在形 nous の形の語幹と同じです。être のみ例外で ét- となります。

nous **habit**ons　→　**habit-**　　　　nous **av**ons　→　**av-**

語尾はすべての動詞に共通。

avoir の半過去形

j'	**avais**	[ε]	nous	**avions**	[jɔ̃]
tu	(　　　)	[ε]	vous	(　　　)	[je]
il	(　　　)	[ε]	ils	**avaient**	[ε]

être の半過去形

j'	(　　　)	nous	(　　　)
tu	**étais**	vous	**étiez**
il	**était**	ils	(　　　)

2 「私の～」「あなたの～」などは**所有形容詞**で表します。

	男性単数名詞の前	女性単数名詞の前	複数名詞の前
je	(　　　) frère	(　　　) famille	(　　　) amis
tu	(　　　)	**ta**	**tes**
il / elle	**son**	**sa**	(　　　)
nous	**notre**	**notre**	**nos**
vous	**votre**	**votre**	**vos**
ils / elles	**leur**	**leur**	**leurs**

◆母音で始まる女性名詞の前では ma, ta, sa → **mon**, **ton**, **son**　ma + amie → **mon** amie

◆「所有者」の性別にはかかわらず、後に続く名詞の性・数で使い分ける。

 Scène 12 (20′) ⟮114⟯ ⟮115⟯ ───────────

そこにはブルー王子が立っていました。みんなは驚きましたが、しばらくすると王子にあれこれ質問を始めました。

une vie 暮らし	calme 穏やかな	changé < changer 変わる	une guerre 戦争	quel âge 何歳
un ennemi 敵	tout le monde みんな	horrible 恐ろしい	une tante おば	une fée 妖精

: Tu habitais dans ce château avec ta famille ?

: Oui, il y a sept cents ans. La vie était calme. Mais un jour,

  tout a changé. Une guerre.

: Tu avais quel âge ?

: J'avais dix-huit ans. Nos ennemis sont arrivés et...

: Ils ont tué tout le monde ?

: Oui, mes parents et mon frère.

: C'est horrible !

: Oui, mais ma tante était une bonne fée. Alors...

妖精は王子を肖像画のなかに隠してくれました。鏡が割れたら魔法はとけると言い残して…

12

1. [ʒ] を発音するとき上あごに舌が触れますか。　　l'â**g**e　　　chan**g**er

　　◆唇を丸めて突き出し、舌はどこにもつかないように。日本語の「ジャ」行の音とは異なります。

2. 太字の部分は発音していますか。　　　　di**x** ans　　　di**x**-huit ans
　　　　　　　　　　　　　　　　　　　sept cent**s** ans

　　◆発音します。

⌣ Vocabulaire (05′) 家族（私の〜） ◀117▶

家族　ma famille

父　mon père	兄・弟　mon frère	息子　mon fils	おじ　mon oncle
母　ma mère	姉・妹　ma sœur	娘　　ma fille	おば　ma tante
両親　mes parents		子どもたち　mes enfants	

Activités (30′~45′)

1. 過去のある時点に何歳だったか／どこに住んでいたか／何をしていたかを近くの人と話しましょう。
５分たったら発表です。

　　　小学校／中学校／高校に通う　　aller à l'école / au collège / au lycée

　　例　*A* : Tu avais quel âge il y a quatre ans ?

　　　　B : J'avais quatorze ans.

　　　　A : Tu habitais où ?

　　　　B : J'habitais à Nagasaki.

　　　　A : Qu'est-ce que tu faisais ?

　　　　B : J'allais au collège.

2. （Scène 12）を発表しましょう。

1. 対話を完成させましょう。

1) きのう君の家に電話したけどいなかったね。

(   ) (   ) (   ) (   ) chez toi

hier mais tu (   ) (   ) (   ) là.

– そう。おじさんの家にいたから。   – Non. (   ) (   ) chez mon oncle.

12 時に帰ってきたの。   Je (   ) (   ) à minuit.

2) 10 年前、セリーヌは日本に住んでたの？ (   ) (   ) (   ) dix ans, Céline

(   ) au Japon ?

– うん、彼女の両親と兄さんとね。   – Oui. Avec (   ) parents et (   ) frère.

2. 表を完成させましょう。

動詞 **finir** の現在形

je finis	nous finissons
tu fini( )	vous finiss( )
il fini( )	ils finiss( )

3. 音声を聞いて書きとり、言えるようにしましょう。 🎧118

1) .... sept ans, il .... à l'école avec .... sœur.

2) .... un .... chien. Mais .... , c'est

un .... chien.

12

Traduction

ソフィー ：このお城に家族と住んでたの？

王子 ：うん、700 年前にね。のんびりした生活
だった。でもある日、何もかも変わって
しまった。戦争さ。

オリヴィエ ：君は何歳だったの？

王子 ：18 歳だった。敵が来て…

エリック ：皆殺しにしたってわけ？

王子 ：そう。両親も兄貴もだ。

リーズとセリーヌ：ひどい！

王子 ：うん、でもおばがね、いい妖精だったんだ。
だから…

Tu peux le manger, si tu veux.

 (05′)

 (10′) 119 120

1. : Si tu viens chez moi
au printemps, je te
montrerai mon jardin.

: D'accord.

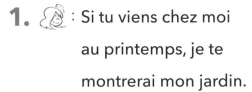

2. : Si vous venez à Paris,
vous passerez chez moi ?

: Bien sûr. C'est gentil.

: On te téléphonera.

◆ vous passerez < passer 寄る

3. : S'il fait beau, on marchera
toute la journée.

: Oh, moi, je resterai ici !

◆ on marchera < marcher 歩く

Pour découvrir **1** (05′)

1. いつのことが話題になっていますか。以前のこと、今のこと、それとも？

2. 動詞に下線を引きましょう。si のすぐあとにはどんな形の動詞がありますか。

3. それ以外の形にはどんな特徴がありますか。

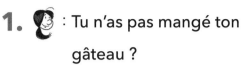

1. : Tu n'as pas mangé ton gâteau ?

: Non, je n'ai plus faim. Tu peux le manger, si tu veux.

: Je veux bien.

◆ le　それを

2. : Tu n'es pas allé à la poste ?

: Non, mais je peux y aller dans une heure, si vous voulez.

◆ la poste　郵便局
　y　そこに

3. : On n'a pas fini ces murs...

: Oh, on peut revenir l'été prochain !

13

Pour découvrir **2** (05′)

1. 複合過去形の動詞に下線を引きましょう。

2. 原形で使われている動詞に＿＿＿を引きましょう。その前にある動詞を○で囲みましょう。

3. 「もしよければ」という表現を□で囲みましょう。

1 「もし〜なら…するだろう／する／しなさい」と可能性の高い仮定の話をするには
〈**si** + 現在形〉を使います。

雨が降ったら家にいます。　　**S'il pleut**, je *resterai* chez moi.

◆未来に関する仮定でも、si のあとは現在形

2 予定、確かに起こることがらは現在形や〈**aller** + 原形〉で表せます。(→ p. 40 **1**)
不確かなこと、話し手の意志を表すときは、よく**未来形**を使います。

明日は雪が降るでしょう。　　Il **neigera** demain.
僕はここにいるぞ!　　Je **resterai** ici.

◆ -er 動詞の未来形の語幹は je の形です。

passer : je passe → passe-　　acheter : j'achète → achète-

語尾：-rai, -ras, -ra, -rons, -rez, -ront (すべての動詞に共通)

passer の未来形	je ( )	nous passe**rons**
	tu ( )	vous ( )
	il ( )	ils passe**ront**

3 「〜できる」は〈**pouvoir** + 原形〉、「〜したい」は〈**vouloir** + 原形〉で表します。

このお菓子、食べてもいいよ。　　Tu peux manger ce gâteau.
このお菓子食べたい?　　Tu veux manger ce gâteau ?

pouvoir の現在形

je	peux	nous	pouvons
tu ( )		vous ( )	
il	peut	ils	peuvent

vouloir の現在形

je ( )		nous ( )	
tu ( )		vous ( )	
il ( )		ils	veulent

4 複合過去形の否定形は〈**ne** + être/avoir + **pas** + 過去分詞〉です。

on a fini　→　( )
tu es allé　→　( )

 (20′) 《123》 《124》

オリヴィエは不気味な音に気づいて、話をさえぎります。

un bruit 音　bizarre 変な　je sais < savoir 知っている　qu'est-ce qui 何が
se passe < se passer 起こる　un tremblement de terre 地震　arrête < arrêter やめる（命令形）

: Tiens, vous n'avez pas entendu un bruit bizarre ?

: Si ! Qu'est-ce que c'est ?

: Je ne sais pas, moi...

: Qu'est-ce qui se passe ?

: C'est un tremblement de terre ?

: Si le château tombe...

: Oh, arrête !

: Il faut sortir d'ici !

: Mais comment ?

: On ne peut pas !

: Vite ! Venez !

王子だけが知っている出口があるのです。

13

 **Prononciation** (05′) 🎧125

1. 太字の部分はどう聞こえますか。　　ici　merci　si　aussi　six

　　◆ [s] は舌の先を下の歯の裏にあてて発音します。[si] は「シ」ではなく「スィ」のつもりで。

2. 次の例はどうですか。　　chinois　un chien

　　◆ [ʃ] は唇を丸めて突き出します。舌先は上に向け、どこにもつかないように。

Vocabulaire (05′)　時の表現　🎧126

明日	demain	あさって	après-demain
来週	la semaine prochaine	2年後	dans deux ans
春に	au printemps	夏に	en été
秋に	en automne	冬に	en hiver

Activités (30′~45′)

1. リストを使って近くの人と話しましょう。5分たったら発表です。他の人が通訳をします。

[相手にすすめる]
　家に泊まる　dormir chez moi
　いっしょに来る　venir avec nous

[申し出る]
　あなたを手伝う　vous aider
　この本を貸す　te prêter ce livre

例1　*A* : Si tu veux venir avec nous, tu peux.

　　　B : Je veux bien, merci.

例2　*A* : Je peux vous aider, si vous voulez.

　　　B : Non, merci. Ça va.

2. [Scène 13] を発表しましょう。できるだけ本を見ずに、他の人の顔を見ながら話すこと。

Exercices (20')

1. 対話を完成させましょう。

1) お昼にいらっしゃるなら一緒に　　Si vous (   ) à midi, on (   )
昼食を食べましょう。　　　　　　ensemble.

– いいですね。　　　　　　　　– Je (   ) bien.

2) 宿題終わってないの？　　　　　Tu (   ) (   ) (   ) (   ) tes devoirs ?

– そう、まだなんだ。　　　　　– Non, pas encore.

でも今夜勉強するよ。　　　　Mais je (   ) ce soir.

3) 遅く帰るなら電話してね。　　　Si tu (   ) tard, tu me (   ) ?

– わかった！　　　　　　　　– D'(   ) !

2. 否定形で答えましょう。

1) Tu as mangé ? ....

2) Elle est arrivée ? ....

3) Ils sont partis ? ....

3. 音声を聞いて書きとり、言えるようにしましょう。 🎧127

1) Si .... à Kobé, ... chez .... ?

– .... C'est gentil.

2) .... tu .... ce film, on ....

ensemble.

– Je .... On .... demain ?

Traduction

オリヴィエ	：あれ、変な音、聞こえなかった？
リーズ	：聞こえた！　何だろう？
エリック	：わかんないよ、僕…
セリーヌ	：どうなってるの？
ソフィー	：地震かなあ？
エリック	：もし城が倒れたら…
リーズ	：やめて！
オリヴィエ	：ここを出なきゃ！
セリーヌ	：でも，どうやって？
エリック	：出られないよ！
王子	：早く！　来るんだ！

13

Leçon 14

Quand Céline est née, sa mère avait vingt ans.

Révision (05')

Expressions ❶ (10') 128 129

1. : Quand je suis arrivé chez Éric, ses parents dormaient.

: Oui, il était une heure du matin !

2. : Quand Céline est née, sa mère avait vingt ans.

: Elle était jeune !

◆ né < naitre　生まれる

3. : Qu'est-ce que vous faisiez quand je vous ai téléphoné ?

: On dansait et on chantait. On s'amusait !

◆ s'amusait < s'amuser　楽しむ

Pour découvrir **1** (05')

1. 動詞の複合過去形を□で、半過去形を○で囲み、2つの形の使い分けについて気づいたことを言いましょう。

2. 過去の時点を表す部分に下線を引きましょう。

1. : C'est quand,

   l'anniversaire de Céline?

   : Le 10 août.

   C'est après-demain.

   ◆ l'anniversaire de ~ …の誕生日

2. : Pourquoi tu n'es pas

   venu ?

   : Parce que j'étais fatigué.

3. : Avec qui tu pars ?

   : Je pars avec Lise.

4. : Combien de temps vous

   allez rester à Nice ?

   : On ne sait pas encore.

   : Trois semaines, peut-être.

   ◆ on sait < savoir　知っている
   peut-être　かもしれない

Pour découvrir **2** (05')

1. それぞれの質問は何について説明を求めていますか。たずねたいことを示す部分に下線を引きましょう。

2. 質問に対して説明を与えている部分に〜〜〜を引きましょう。

1 複合過去形と半過去形

ことがらを、すでに完結したものとしてとらえるときは（　　　　　　　　）、過去のある時
点に展開中のものとしてとらえるときは（　　　　　　　　）を使います。つまり、過去に起
きたできごとは（　　　　　　　　）で、そのときの状況・背景は（　　　　　　　　）で表します。

僕が生まれたとき、両親はパリに住んでいました。

Quand je（　　　　）（　　　　）, mes parents（　　　　　　　　）à Paris.

je suis né
▼

時の流れ _____ いま　→

～～～～～～～～～～～～
mes parents habitaient à Paris

複合過去形を使うか半過去形を使うかは、ことがらの時間的な長さにはかかわりがありません。こと
がらを完結したものとしてとらえるか、未完結のものとしてとらえるかが決め手です。（→ p. 76 **1**）

私は 10 年間パリに住んでいた。

J'（　　　　）（　　　　　　　　　　）à Paris pendant dix ans.　[habiter]

列車は出ていくところだった。

Le train（　　　　　　　　　　）.　[partir]

2 疑問詞

いつ （　　　　）	誰が（　　　　）	どれだけの（　　　　）（　　　）		
どこで（　　　）	誰と（　　　）（　　　）	どのように（　　　　）		
何を　（　　　）（　　　）-（　　　）（　　　）		なぜ（　　　　）		

3 savoir の現在形

je	sai（　　）	nous	sav（　　　）
tu	sai（　　）	vous	sav（　　　）
il	sai（　　）	ils	sav（　　　）

 Scène 14 (20′) 132 133 ────────────────

真っ暗な地下道を、王子の声をたよりに夢中で走ります。

dehors　外に　　　a dit < dire　言う　　　quelque chose　何か　　　brille < briller　光る

 : Où est-ce qu'on est ?

とつぜん光の中に出て、5 人は呆然としています。

 : On est dehors.

 : Mais pourquoi on est dehors ? On n'était pas dans la grotte ?

 : Qu'est-ce qui s'est passé ?

 : On parlait avec le Prince Bleu quand on a entendu un bruit...

 : Et le Prince a dit...

 : Où est le Prince Bleu ?

Tous : Où est-il ?

あたりを見まわしても王子の姿はありません。

 : Regardez ! Quelque chose brille.

ソフィーが指さしたところには、王子の鏡がありました。こなごなになったはずの、あの鏡が…

1. どんなイントネーションで言って
   いますか。

   On n'était pas dans la grotte ?
   Où est-il ?
   Qu'est-ce qui s'est passé ?

   ◆普通の文を、上昇イントネーションで発音すると疑問文になります。疑問詞を含む場合は、疑問詞を高
   く発音します。平らなイントネーションでも下降イントネーションでもかまいません。

2. どこで区切れていますか。どんな
   イントネーションですか。

   Quand Céline est née, sa mère avait vingt ans.

   ◆まとまった意味をもつ部分は一息に発音します。区切れ目では、続けて聞いて欲しい場合は声を上げ、
   これで終わりというときには声を下げます。

Vocabulaire (05′) 月 ◀️135

1月	janvier	2月	février	3月	mars	4月	avril
5月	mai	6月	juin	7月	juillet	8月	août
9月	septembre	10月	octobre	11月	novembre	12月	décembre
1月に	en janvier						

Activités (30′~45′)

1. 近くの人と話しましょう。

Ⓐ過去のできごとと、そのときの状況について話しましょう。〈半過去形 + quand 複合過去形〉を使うこと。
5分たったら発表です。他の人が通訳をします。

   例1　*A* : Il était quelle heure quand tu es arrivé(e) ?

   　　　B : Il était midi dix.

   例2　*A* : Tu avais quel âge quand ton frère est né ?

   　　　B : J'avais trois ans.

Ⓑクラス全体で誕生日をたずねあい、日本語で日付を確かめましょう（~月1日は le premier...）。

   例　　*A* : C'est quand, ton anniversaire ?

   　　　B : C'est le 25 décembre.　→ クラス全体：12月25日！

2. 🎬 を発表しましょう。

Exercices (20')

1. 対話を完成させましょう。

1) いつ来るの？　　　　　　　　　(   ) est-ce que tu viens ?

  – 2月　　　　　　　　　　　– En (   ).

2) どんな調子？　　　　　　　　(   ) ça va ?

  – うまくいってるよ。　　　　– (   ) va (   ).

3) なぜ疲れているの？　　　　　(   ) tu es fatigué ?

  – よく眠れなかったから。　　– (   ) (   ) je (   ) (   )

                                  (   ) bien dormi.

2. 音声を聞き、5つの日付を○月○日のように数字で書きとりましょう。次に言えるようにしましょう。🎧136

    1)   2)   3)   4)   5)

3. 音声を聞いて書きとり、言えるようにしましょう。🎧137

1) .... – .... tu .... quand je ....

    .... ?

  – Je ....

2) Je .... parce que je ....

  .... faim.

14

Traduction

ソフィー	：私たちどこにいるの？
オリヴィエ	：外だ。
セリーヌ	：でも、なぜ外にいるの？　洞窟の中にいた んじゃなかった？
エリック	：何が起こったんだろう？
リーズ	：ブルー王子と話してたでしょ、そしたら音 がして…。
オリヴィエ	：それで王子が言った…
ソフィー	：ブルー王子はどこ？
みんな	：どこだろう？
ソフィー	：見て！　何か光ってる。

 **Épilogue** (138)

翌日の新聞です。

La découverte des cinq jeunes !

le château d'Agnac

Après le tremblement de terre de cette nuit, on a retrouvé les cinq jeunes disparus depuis hier. Miracle ! Ils ne sont pas blessés. De plus, ils ont fait une grande découverte sous le chateau d'Agnac : des peintures préhistoriques.

épilogue　エピローグ、終章　　retrouvé < retrouver　捜し出す　　disparu(e)　行方不明の
　　depuis ~　…以来　　un miracle　奇跡　　blessé(e)　負傷した　　de plus　その上
　　une peinture　絵画　　préhistorique　先史時代の

 un jeune　若者

♪ **Chansons**

Frère Jacques (139)

Frère Jacques,

Frère Jacques,

Dormez-vous ?

Dormez-vous ?

Sonnez les matines,

Sonnez les matines,

Ding, ding, dong,

Ding, ding, dong !

◆ frère　修道士
sonnez < sonner
（鐘を）鳴らす（命令形）
les matines　夜明け前の祈り

Au clair de la lune (140)

1.

Au clair de la lune,

Mon ami Pierrot,

Prête-moi ta plume,

Pour écrire un mot ;

Ma chandelle est morte,

Je n'ai plus de feu ;

Ouvre-moi ta porte,

Pour l'amour de Dieu.

◆ le clair　光
la lune　月
prête < prêter　貸す（命令形）
ta plume　君のペン
écrire　書く
un mot　手紙
ma chandelle　僕のロウソク
mort(e)　消えている
ne ~ plus　もう…ない
du feu　火
ouvre < ouvrir　開ける（命令形）
ta porte　君の扉
pour l'amour de Dieu　後生だから

2.

Au clair de la lune,

Pierrot répondit ;

Je n'ai pas de plume.

Je suis dans mon lit.

Va chez la voisine,

Je crois qu'elle y est,

Car dans la cuisine

On bat le briquet.

◆ répondit < répondre　答える
mon lit　僕のベッド
la voisine　隣の女の人
je crois < croire　思う
va < aller　行く（命令形）
y　そこに
car　なぜなら
on bat < battre　打つ
le briquet　火打ち石

Ah ! vous dirai-je Maman 🎧141

1.
Ah ! vous dirai-je, maman,
Ce qui cause mon tourment ?
Papa veut que je raisonne
Comme une grande personne
Moi, je dis que les bonbons
Valent mieux que la raison.

◆ cause < causer　ひきおこす
mon tourment　私の苦悩
raisonne < raisonner　考える
valent < valoir　価値がある
mieux　よりよく
la raison　道理

2.
Ah ! vous dirai-je, maman,
Ce qui cause mon tourment ?
Papa veut que je demande
De la soupe et de la viande ;
Moi, je dis que les bonbons
Valent mieux que les mignons.

◆ de la soupe　スープ
les mignons　ヒレ肉

3.
Ah ! vous dirai-je, maman,
Ce qui cause mon tourment ?
Papa veut que je retienne
Des verbes la longue antienne ;
Moi, je dis que les bonbons
Valent mieux que les leçons.

◆ retienne < retenir　暗記する
des verbes la longue antienne
< la longue antienne des verbes
（祈りのように）長々とした動詞の
活用

著者紹介

中井珠子　　　　白百合女子大学名誉教授

Jean Henri Lamare　元関西学院大学講師

川勝直子　　　　神戸海星女子学院中学校高等学校教諭
中村公子　　　　獨協大学教授
横谷祥子　　　　元兵庫県立三田祥雲館高等学校講師

ア・ラ・デクヴェルト！

2024 年 2 月 1 日　印刷
2024 年 2 月 10 日　発行

著　者 ⓒ 中　井　珠　子
　　　　　ジャン・ラマール
　　　　　川　勝　直　子
　　　　　中　村　公　子
　　　　　横　谷　祥　子
発行者　　岩　堀　雅　己
印刷所　　壮栄企画株式会社

101-0052 東京都千代田区神田小川町 3 の 24
電話 03-3291-7811（営業部），7821（編集部）
発行所　www.hakusuisha.co.jp　　　　株式会社　白水社
乱丁・落丁本は送料小社負担にてお取り替えいたします。

振替 00190-5-33228　　Printed in Japan　　誠製本株式会社

ISBN 978-4-560-06153-4

動 詞 活 用 表

1 avoir	18 écrire	35 pouvoir
2 être	19 employer	36 préférer
3 aimer	20 envoyer	37 prendre
4 finir	21 faire	38 recevoir
5 acheter	22 falloir	39 rendre
6 aller	23 fuir	40 résoudre
7 appeler	24 lire	41 rire
8 asseoir	25 manger	42 savoir
9 battre	26 mettre	43 suffire
10 boire	27 mourir	44 suivre
11 conduire	28 naître	45 vaincre
12 connaître	29 ouvrir	46 valoir
13 courir	30 partir	47 venir
14 craindre	31 payer	48 vivre
15 croire	32 placer	49 voir
16 devoir	33 plaire	50 vouloir
17 dire	34 pleuvoir	

不 定 法	直　　説　　法			

① avoir

現在分詞
ayant

過去分詞
eu [y]

現　在	半　過　去	単純過去	単純未来
j' **ai** [e]	j' **avais**	j' **eus** [y]	j' **aurai**
tu **as**	tu **avais**	tu **eus**	tu **auras**
il **a**	il **avait**	il **eut**	il **aura**
nous **avons**	nous **avions**	nous **eûmes**	nous **aurons**
vous **avez**	vous **aviez**	vous **eûtes**	vous **aurez**
ils **ont**	ils **avaient**	ils **eurent**	ils **auront**

複合過去	大　過　去	前　過　去	前　未　来
j' ai eu	j' avais eu	j' eus eu	j' aurai eu
tu as eu	tu avais eu	tu eus eu	tu auras eu
il a eu	il avait eu	il eut eu	il aura eu
nous avons eu	nous avions eu	nous eûmes eu	nous aurons eu
vous avez eu	vous aviez eu	vous eûtes eu	vous aurez eu
ils ont eu	ils avaient eu	ils eurent eu	ils auront eu

② être

現在分詞
étant

過去分詞
été

現　在	半　過　去	単純過去	単純未来
je **suis**	j' **étais**	je **fus**	je **serai**
tu **es**	tu **étais**	tu **fus**	tu **seras**
il **est**	il **était**	il **fut**	il **sera**
nous **sommes**	nous **étions**	nous **fûmes**	nous **serons**
vous **êtes**	vous **étiez**	vous **fûtes**	vous **serez**
ils **sont**	ils **étaient**	ils **furent**	ils **seront**

複合過去	大　過　去	前　過　去	前　未　来
j' ai été	j' avais été	j' eus été	j' aurai été
tu as été	tu avais été	tu eus été	tu auras été
il a été	il avait été	il eut été	il aura été
nous avons été	nous avions été	nous eûmes été	nous aurons été
vous avez été	vous aviez été	vous eûtes été	vous aurez été
ils ont été	ils avaient été	ils eurent été	ils auront été

③ aimer

現在分詞
aimant

過去分詞
aimé

第 1 群
規則動詞

現　在	半　過　去	単純過去	単純未来
j' **aime**	j' **aimais**	j' **aimai**	j' **aimerai**
tu **aimes**	tu **aimais**	tu **aimas**	tu **aimeras**
il **aime**	il **aimait**	il **aima**	il **aimera**
nous **aimons**	nous **aimions**	nous **aimâmes**	nous **aimerons**
vous **aimez**	vous **aimiez**	vous **aimâtes**	vous **aimerez**
ils **aiment**	ils **aimaient**	ils **aimèrent**	ils **aimeront**

複合過去	大　過　去	前　過　去	前　未　来
j' ai aimé	j' avais aimé	j' eus aimé	j' aurai aimé
tu as aimé	tu avais aimé	tu eus aimé	tu auras aimé
il a aimé	il avait aimé	il eut aimé	il aura aimé
nous avons aimé	nous avions aimé	nous eûmes aimé	nous aurons aimé
vous avez aimé	vous aviez aimé	vous eûtes aimé	vous aurez aimé
ils ont aimé	ils avaient aimé	ils eurent aimé	ils auront aimé

④ finir

現在分詞
finissant

過去分詞
fini

第 2 群
規則動詞

現　在	半　過　去	単純過去	単純未来
je **finis**	je **finissais**	je **finis**	je **finirai**
tu **finis**	tu **finissais**	tu **finis**	tu **finiras**
il **finit**	il **finissait**	il **finit**	il **finira**
nous **finissons**	nous **finissions**	nous **finîmes**	nous **finirons**
vous **finissez**	vous **finissiez**	vous **finîtes**	vous **finirez**
ils **finissent**	ils **finissaient**	ils **finirent**	ils **finiront**

複合過去	大　過　去	前　過　去	前　未　来
j' ai fini	j' avais fini	j' eus fini	j' aurai fini
tu as fini	tu avais fini	tu eus fini	tu auras fini
il a fini	il avait fini	il eut fini	il aura fini
nous avons fini	nous avions fini	nous eûmes fini	nous aurons fini
vous avez fini	vous aviez fini	vous eûtes fini	vous aurez fini
ils ont fini	ils avaient fini	ils eurent fini	ils auront fini

条　件　法	接　　続　　法		命　令　法

現　在	現　在	半　過　去	
j' aurais	j' aie [ɛ]	j' eusse	
tu aurais	tu aies	tu eusses	aie
il aurait	il ait	il eût	
nous aurions	nous ayons	nous eussions	ayons
vous auriez	vous ayez	vous eussiez	ayez
ils auraient	ils aient	ils eussent	

過　去	過　去	大　過　去	
j' aurais eu	j' aie eu	j' eusse eu	
tu aurais eu	tu aies eu	tu eusses eu	
il aurait eu	il ait eu	il eût eu	
nous aurions eu	nous ayons eu	nous eussions eu	
vous auriez eu	vous ayez eu	vous eussiez eu	
ils auraient eu	ils aient eu	ils eussent eu	

現　在	現　在	半　過　去	
je serais	je sois	je fusse	
tu serais	tu sois	tu fusses	sois
il serait	il soit	il fût	
nous serions	nous soyons	nous fussions	soyons
vous seriez	vous soyez	vous fussiez	soyez
ils seraient	ils soient	ils fussent	

過　去	過　去	大　過　去	
j' aurais été	j' aie été	j' eusse été	
tu aurais été	tu aies été	tu eusses été	
il aurait été	il ait été	il eût été	
nous aurions été	nous ayons été	nous eussions été	
vous auriez été	vous ayez été	vous eussiez été	
ils auraient été	ils aient été	ils eussent été	

現　在	現　在	半　過　去	
j' aimerais	j' aime	j' aimasse	
tu aimerais	tu aimes	tu aimasses	aime
il aimerait	il aime	il aimât	
nous aimerions	nous aimions	nous aimassions	aimons
vous aimeriez	vous aimiez	vous aimassiez	aimez
ils aimeraient	ils aiment	ils aimassent	

過　去	過　去	大　過　去	
j' aurais aimé	j' aie aimé	j' eusse aimé	
tu aurais aimé	tu aies aimé	tu eusses aimé	
il aurait aimé	il ait aimé	il eût aimé	
nous aurions aimé	nous ayons aimé	nous eussions aimé	
vous auriez aimé	vous ayez aimé	vous eussiez aimé	
ils auraient aimé	ils aient aimé	ils eussent aimé	

現　在	現　在	半　過　去	
je finirais	je finisse	je finisse	
tu finirais	tu finisses	tu finisses	finis
il finirait	il finisse	il finît	
nous finirions	nous finissions	nous finissions	finissons
vous finiriez	vous finissiez	vous finissiez	finissez
ils finiraient	ils finissent	ils finissent	

過　去	過　去	大　過　去	
j' aurais fini	j' aie fini	j' eusse fini	
tu aurais fini	tu aies fini	tu eusses fini	
il aurait fini	il ait fini	il eût fini	
nous aurions fini	nous ayons fini	nous eussions fini	
vous auriez fini	vous ayez fini	vous eussiez fini	
ils auraient fini	ils aient fini	ils eussent fini	

不定法 現在分詞 過去分詞	直　　説　　法			
	現　　在	半　過　去	単　純　過　去	単　純　未　来
⑤ **acheter** achetant acheté	j' achète tu achètes il achète n. achetons v. achetez ils achètent	j' achetais tu achetais il achetait n. achetions v. achetiez ils achetaient	j' achetai tu achetas il acheta n. achetâmes v. achetâtes ils achetèrent	j' achèterai tu achèteras il achètera n. achèterons v. achèterez ils achèteront
⑥ **aller** allant allé	je **vais** tu **vas** il **va** n. allons v. allez ils **vont**	j' allais tu allais il allait n. allions v. alliez ils allaient	j' allai tu allas il alla n. allâmes v. allâtes ils allèrent	j' irai tu iras il ira n. irons v. irez ils iront
⑦ **appeler** appelant appelé	j' appelle tu appelles il appelle n. appelons v. appelez ils appellent	j' appelais tu appelais il appelait n. appelions v. appeliez ils appelaient	j' appelai tu appelas il appela n. appelâmes v. appelâtes ils appelèrent	j' appellerai tu appelleras il appellera n. appellerons v. appellerez ils appelleront
⑧ **asseoir** asseyant (assoyant) assis	j' assieds [asje] tu assieds il assied n. asseyons v. asseyez ils asseyent j' assois tu assois il assoit n. assoyons v. assoyez ils assoient	j' asseyais tu asseyais il asseyait n. asseyions v. asseyiez ils asseyaient j' assoyais tu assoyais il assoyait n. assoyions v. assoyiez ils assoyaient	j' assis tu assis il assit n. assîmes v. assîtes ils assirent	j' assiérai tu assiéras il assiéra n. assiérons v. assiérez ils assiéront j' assoirai tu assoiras il assoira n. assoirons v. assoirez ils assoiront
⑨ **battre** battant battu	je bats tu bats il bat n. battons v. battez ils battent	je battais tu battais il battait n. battions v. battiez ils battaient	je battis tu battis il battit n. battîmes v. battîtes ils battirent	je battrai tu battras il battra n. battrons v. battrez ils battront
⑩ **boire** buvant bu	je bois tu bois il boit n. buvons v. buvez ils boivent	je buvais tu buvais il buvait n. buvions v. buviez ils buvaient	je bus tu bus il but n. bûmes v. bûtes ils burent	je boirai tu boiras il boira n. boirons v. boirez ils boiront
⑪ **conduire** conduisant conduit	je conduis tu conduis il conduit n. conduisons v. conduisez ils conduisent	je conduisais tu conduisais il conduisait n. conduisions v. conduisiez ils conduisaient	je conduisis tu conduisis il conduisit n. conduisîmes v. conduisîtes ils conduisirent	je conduirai tu conduiras il conduira n. conduirons v. conduirez ils conduiront

条件法	接続法		命令法	同型
現　在	現　在	半過去		
j'　achèterais tu achèterais il achèterait n. achèterions v. achèteriez ils achèteraient	j'　achète tu achètes il achète n. achetions v. achetiez ils achètent	j'　achetasse tu achetasses il achetât n. achetassions v. achetassiez ils achetassent	achète achetons achetez	achever lever mener promener soulever
j'　irais tu irais il irait n. irions v. iriez ils iraient	j'　aille tu ailles il aille n. allions v. alliez ils aillent	j'　allasse tu allasses il allât n. allassions v. allassiez ils allassent	va allons allez	
j'　appellerais tu appellerais il appellerait n. appellerions v. appelleriez ils appelleraient	j'　appelle tu appelles il appelle n. appelions v. appeliez ils appellent	j'　appelasse tu appelasses il appelât n. appelassions v. appelassiez ils appelassent	appelle appelons appelez	jeter rappeler
j'　assiérais tu assiérais il assiérait n. assiérions v. assiériez ils assiéraient	j'　asseye [asɛj] tu asseyes il asseye n. asseyions v. asseyiez ils asseyent	j'　assisse tu assisses il assît n. assissions v. assissiez ils assissent	assieds asseyons asseyez	注 主として代名動詞s'asseoirで使われる.
j'　assoirais tu assoirais il assoirait n. assoirions v. assoiriez ils assoiraient	j'　assoie tu assoies il assoie n. assoyions v. assoyiez ils assoient		assois assoyons assoyez	
je battrais tu battrais il battrait n. battrions v. battriez ils battraient	je batte tu battes il batte n. battions v. battiez ils battent	je battisse tu battisses il battît n. battissions v. battissiez ils battissent	bats battons battez	abattre combattre
je boirais tu boirais il boirait n. boirions v. boiriez ils boiraient	je boive tu boives il boive n. buvions v. buviez ils boivent	je busse tu busses il bût n. bussions v. bussiez ils bussent	bois buvons buvez	
je conduirais tu conduirais il conduirait n. conduirions v. conduiriez ils conduiraient	je conduise tu conduises il conduise n. conduisions v. conduisiez ils conduisent	je conduisisse tu conduisisses il conduisît n. conduisissions v. conduisissiez ils conduisissent	conduis conduisons conduisez	construire détruire instruire introduire produire traduire

不定法 現在分詞 過去分詞	直　　説　　法			
	現　　在	半　過　去	単純過去	単純未来
⑫ **connaître** connaissant connu	je connais tu connais il connaît n. connaissons v. connaissez ils connaissent	je connaissais tu connaissais il connaissait n. connaissions v. connaissiez ils connaissaient	je connus tu connus il connut n. connûmes v. connûtes ils connurent	je connaîtrai tu connaîtras il connaîtra n. connaîtrons v. connaîtrez ils connaîtront
⑬ **courir** courant couru	je cours tu cours il court n. courons v. courez ils courent	je courais tu courais il courait n. courions v. couriez ils couraient	je courus tu courus il courut n. courûmes v. courûtes ils coururent	je courrai tu courras il courra n. courrons v. courrez ils courront
⑭ **craindre** craignant craint	je crains tu crains il craint n. craignons v. craignez ils craignent	je craignais tu craignais il craignait n. craignions v. craigniez ils craignaient	je craignis tu craignis il craignit n. craignîmes v. craignîtes ils craignirent	je craindrai tu craindras il craindra n. craindrons v. craindrez ils craindront
⑮ **croire** croyant cru	je crois tu crois il croit n. croyons v. croyez ils croient	je croyais tu croyais il croyait n. croyions v. croyiez ils croyaient	je crus tu crus il crut n. crûmes v. crûtes ils crurent	je croirai tu croiras il croira n. croirons v. croirez ils croiront
⑯ **devoir** devant dû, due, dus, dues	je dois tu dois il doit n. devons v. devez ils doivent	je devais tu devais il devait n. devions v. deviez ils devaient	je dus tu dus il dut n. dûmes v. dûtes ils durent	je devrai tu devras il devra n. devrons v. devrez ils devront
⑰ **dire** disant dit	je dis tu dis il dit n. disons v. dites ils disent	je disais tu disais il disait n. disions v. disiez ils disaient	je dis tu dis il dit n. dîmes v. dîtes ils dirent	je dirai tu diras il dira n. dirons v. direz ils diront
⑱ **écrire** écrivant écrit	j' écris tu écris il écrit n. écrivons v. écrivez ils écrivent	j' écrivais tu écrivais il écrivait n. écrivions v. écriviez ils écrivaient	j' écrivis tu écrivis il écrivit n. écrivîmes v. écrivîtes ils écrivirent	j' écrirai tu écriras il écrira n. écrirons v. écrirez ils écriront
⑲ **employer** employant employé	j' emploie tu emploies il emploie n. employons v. employez ils emploient	j' employais tu employais il employait n. employions v. employiez ils employaient	j' employai tu employas il employa n. employâmes v. employâtes ils employèrent	j' emploierai tu emploieras il emploiera n. emploierons v. emploierez ils emploieront

条 件 法	接 続 法		命 令 法	同 型
現　　在	現　　在	半 過 去		
je connaîtrais tu connaîtrais il connaîtrait n. connaîtrions v. connaîtriez ils connaîtraient	je connaisse tu connaisses il connaisse n. connaissions v. connaissiez ils connaissent	je connusse tu connusses il connût n. connussions v. connussiez ils connussent	connais connaissons connaissez	apparaître disparaître paraître reconnaître
je courrais tu courrais il courrait n. courrions v. courriez ils courraient	je coure tu coures il coure n. courions v. couriez ils courent	je courusse tu courusses il courût n. courussions v. courussiez ils courussent	cours courons courez	accourir parcourir
je craindrais tu craindrais il craindrait n. craindrions v. craindriez ils craindraient	je craigne tu craignes il craigne n. craignions v. craigniez ils craignent	je craignisse tu craignisses il craignît n. craignissions v. craignissiez ils craignissent	crains craignons craignez	atteindre éteindre joindre peindre plaindre
je croirais tu croirais il croirait n. croirions v. croiriez ils croiraient	je croie tu croies il croie n. croyions v. croyiez ils croient	je crusse tu crusses il crût n. crussions v. crussiez ils crussent	crois croyons croyez	
je devrais tu devrais il devrait n. devrions v. devriez ils devraient	je doive tu doives il doive n. devions v. deviez ils doivent	je dusse tu dusses il dût n. dussions v. dussiez ils dussent		
je dirais tu dirais il dirait n. dirions v. diriez ils diraient	je dise tu dises il dise n. disions v. disiez ils disent	je disse tu disses il dît n. dissions v. dissiez ils dissent	dis disons dites	
j' écrirais tu écrirais il écrirait n. écririons v. écririez ils écriraient	j' écrive tu écrives il écrive n. écrivions v. écriviez ils écrivent	j' écrivisse tu écrivisses il écrivît n. écrivissions v. écrivissiez ils écrivissent	écris écrivons écrivez	décrire inscrire
j' emploierais tu emploierais il emploierait n. emploierions v. emploieriez ils emploieraient	j' emploie tu emploies il emploie n. employions v. employiez ils emploient	j' employasse tu employasses il employât n. employassions v. employassiez ils employassent	emploie employons employez	aboyer nettoyer noyer tutoyer

不定法 現在分詞 過去分詞	直　　説　　法			
	現　　在	半　過　去	単純過去	単純未来
⑳ **envoyer** envoyant envoyé	j' envoie tu envoies il envoie n. envoyons v. envoyez ils envoient	j' envoyais tu envoyais il envoyait n. envoyions v. envoyiez ils envoyaient	j' envoyai tu envoyas il envoya n. envoyâmes v. envoyâtes ils envoyèrent	j' enverrai tu enverras il enverra n. enverrons v. enverrez ils enverront
㉑ **faire** faisant [fəzɑ̃] fait	je fais [fɛ] tu fais il fait n. faisons [fəzɔ̃] v. fai**tes** [fɛt] ils **font**	je faisais [fəzɛ] tu faisais il faisait n. faisions v. faisiez ils faisaient	je fis tu fis il fit n. fîmes v. fîtes ils firent	je ferai tu feras il fera n. ferons v. ferez ils feront
㉒ **falloir** — fallu	il faut	il fallait	il fallut	il faudra
㉓ **fuir** fuyant fui	je fuis tu fuis il fuit n. fuyons v. fuyez ils fuient	je fuyais tu fuyais il fuyait n. fuyions v. fuyiez ils fuyaient	je fuis tu fuis il fuit n. fuîmes v. fuîtes ils fuirent	je fuirai tu fuiras il fuira n. fuirons v. fuirez ils fuiront
㉔ **lire** lisant lu	je lis tu lis il lit n. lisons v. lisez ils lisent	je lisais tu lisais il lisait n. lisions v. lisiez ils lisaient	je lus tu lus il lut n. lûmes v. lûtes ils lurent	je lirai tu liras il lira n. lirons v. lirez ils liront
㉕ **manger** mangeant mangé	je mange tu manges il mange n. mangeons v. mangez ils mangent	je mangeais tu mangeais il mangeait n. mangions v. mangiez ils mangeaient	je mangeai tu mangeas il mangea n. mangeâmes v. mangeâtes ils mangèrent	je mangerai tu mangeras il mangera n. mangerons v. mangerez ils mangeront
㉖ **mettre** mettant mis	je mets tu mets il met n. mettons v. mettez ils mettent	je mettais tu mettais il mettait n. mettions v. mettiez ils mettaient	je mis tu mis il mit n. mîmes v. mîtes ils mirent	je mettrai tu mettras il mettra n. mettrons v. mettrez ils mettront
㉗ **mourir** mourant mort	je meurs tu meurs il meurt n. mourons v. mourez ils meurent	je mourais tu mourais il mourait n. mourions v. mouriez ils mouraient	je mourus tu mourus il mourut n. mourûmes v. mourûtes ils moururent	je mourrai tu mourras il mourra n. mourrons v. mourrez ils mourront

条 件 法	接 続 法		命 令 法	同 型
現 在	現 在	半 過 去		
j' enverrais tu enverrais il enverrait n. enverrions v. enverriez ils enverraient	j' envoie tu envoies il envoie n. envoyions v. envoyiez ils envoient	j' envoyasse tu envoyasses il envoyât n. envoyassions v. envoyassiez ils envoyassent	envoie envoyons envoyez	renvoyer
je ferais tu ferais il ferait n. ferions v. feriez ils feraient	je fasse tu fasses il fasse n. fassions v. fassiez ils fassent	je fisse tu fisses il fît n. fissions v. fissiez ils fissent	fais faisons faites	défaire refaire satisfaire
il faudrait	il faille	il fallût		
je fuirais tu fuirais il fuirait n. fuirions v. fuiriez ils fuiraient	je fuie tu fuies il fuie n. fuyions v. fuyiez ils fuient	je fuisse tu fuisses il fuît n. fuissions v. fuissiez ils fuissent	fuis fuyons fuyez	s'enfuir
je lirais tu lirais il lirait n. lirions v. liriez ils liraient	je lise tu lises il lise n. lisions v. lisiez ils lisent	je lusse tu lusses il lût n. lussions v. lussiez ils lussent	lis lisons lisez	élire relire
je mangerais tu mangerais il mangerait n. mangerions v. mangeriez ils mangeraient	je mange tu manges il mange n. mangions v. mangiez ils mangent	je mangeasse tu mangeasses il mangeât n. mangeassions v. mangeassiez ils mangeassent	mange mangeons mangez	changer déranger nager obliger partager voyager
je mettrais tu mettrais il mettrait n. mettrions v. mettriez ils mettraient	je mette tu mettes il mette n. mettions v. mettiez ils mettent	je misse tu misses il mît n. missions v. missiez ils missent	mets mettons mettez	admettre commettre permettre promettre remettre
je mourrais tu mourrais il mourrait n. mourrions v. mourriez ils mourraient	je meure tu meures il meure n. mourions v. mouriez ils meurent	je mourusse tu mourusses il mourût n. mourussions v. mourussiez ils mourussent	meurs mourons mourez	

不定法 現在分詞 過去分詞	直　　説　　法			
	現　　在	半　過　去	単　純　過　去	単　純　未　来
㉘ **naître** naissant né	je nais tu nais il naît n. naissons v. naissez ils naissent	je naissais tu naissais il naissait n. naissions v. naissiez ils naissaient	je naquis tu naquis il naquit n. naquîmes v. naquîtes ils naquirent	je naîtrai tu naîtras il naîtra n. naîtrons v. naîtrez ils naîtront
㉙ **ouvrir** ouvrant ouvert	j' ouvre tu ouvres il ouvre n. ouvrons v. ouvrez ils ouvrent	j' ouvrais tu ouvrais il ouvrait n. ouvrions v. ouvriez ils ouvraient	j' ouvris tu ouvris il ouvrit n. ouvrîmes v. ouvrîtes ils ouvrirent	j' ouvrirai tu ouvriras il ouvrira n. ouvrirons v. ouvrirez ils ouvriront
㉚ **partir** partant parti	je pars tu pars il part n. partons v. partez ils partent	je partais tu partais il partait n. partions v. partiez ils partaient	je partis tu partis il partit n. partîmes v. partîtes ils partirent	je partirai tu partiras il partira n. partirons v. partirez ils partiront
㉛ **payer** payant payé	je paie [pɛ] tu paies il paie n. payons v. payez ils paient - - - - - - - - - - je paye [pɛj] tu payes il paye n. payons v. payez ils payent	je payais tu payais il payait n. payions v. payiez ils payaient	je payai tu payas il paya n. payâmes v. payâtes ils payèrent	je paierai tu paieras il paiera n. paierons v. paierez ils paieront - - - - - - - - - - je payerai tu payeras il payera n. payerons v. payerez ils payeront
㉜ **placer** plaçant placé	je place tu places il place n. plaçons v. placez ils placent	je plaçais tu plaçais il plaçait n. placions v. placiez ils plaçaient	je plaçai tu plaças il plaça n. plaçâmes v. plaçâtes ils placèrent	je placerai tu placeras il placera n. placerons v. placerez ils placeront
㉝ **plaire** plaisant plu	je plais tu plais il plaît n. plaisons v. plaisez ils plaisent	je plaisais tu plaisais il plaisait n. plaisions v. plaisiez ils plaisaient	je plus tu plus il plut n. plûmes v. plûtes ils plurent	je plairai tu plairas il plaira n. plairons v. plairez ils plairont
㉞ **pleuvoir** pleuvant plu	il pleut	il pleuvait	il plut	il pleuvra

条 件 法	接 続 法		命 令 法	同 型
現 在	現 在	半 過 去		
je naîtrais tu naîtrais il naîtrait n. naîtrions v. naîtriez ils naîtraient	je naisse tu naisses il naisse n. naissions v. naissiez ils naissent	je naquisse tu naquisses il naquît n. naquissions v. naquissiez ils naquissent	nais naissons naissez	
j' ouvrirais tu ouvrirais il ouvrirait n. ouvririons v. ouvririez ils ouvriraient	j' ouvre tu ouvres il ouvre n. ouvrions v. ouvriez ils ouvrent	j' ouvrisse tu ouvrisses il ouvrît n. ouvrissions v. ouvrissiez ils ouvrissent	ouvre ouvrons ouvrez	couvrir découvrir offrir souffrir
je partirais tu partirais il partirait n. partirions v. partiriez ils partiraient	je parte tu partes il parte n. partions v. partiez ils partent	je partisse tu partisses il partît n. partissions v. partissiez ils partissent	pars partons partez	dormir ressortir sentir servir sortir
je paierais tu paierais il paierait n. paierions v. paieriez ils paieraient	je paie tu paies il paie n. payions v. payiez ils paient	je payasse tu payasses il payât n. payassions v. payassiez ils payassent	paie payons payez	effrayer essayer
je payerais tu payerais il payerait n. payerions v. payeriez ils payeraient	je paye tu payes il paye n. payions v. payiez ils payent		paye payons payez	
je placerais tu placerais il placerait n. placerions v. placeriez ils placeraient	je place tu places il place n. placions v. placiez ils placent	je plaçasse tu plaçasses il plaçât n. plaçassions v. plaçassiez ils plaçassent	place plaçons placez	annoncer avancer commencer forcer lancer prononcer
je plairais tu plairais il plairait n. plairions v. plairiez ils plairaient	je plaise tu plaises il plaise n. plaisions v. plaisiez ils plaisent	je plusse tu plusses il plût n. plussions v. plussiez ils plussent	plais plaisons plaisez	complaire déplaire (se) taire 注 過去分詞 plu は不変
il pleuvrait	il pleuve	il plût		

不定法 現在分詞 過去分詞	直　説　法			
	現　在	半　過　去	単純過去	単純未来
㉟ **pouvoir** pouvant pu	je peux (puis) tu peux il peut n. pouvons v. pouvez ils peuvent	je pouvais tu pouvais il pouvait n. pouvions v. pouviez ils pouvaient	je pus tu pus il put n. pûmes v. pûtes ils purent	je pourrai tu pourras il pourra n. pourrons v. pourrez ils pourront
㊱ **préférer** préférant préféré	je préfère tu préfères il préfère n. préférons v. préférez ils préfèrent	je préférais tu préférais il préférait n. préférions v. préfériez ils préféraient	je préférai tu préféras il préféra n. préférâmes v. préférâtes ils préférèrent	je préférerai tu préféreras il préférera n. préférerons v. préférerez ils préféreront
㊲ **prendre** prenant pris	je prends tu prends il prend n. prenons v. prenez ils prennent	je prenais tu prenais il prenait n. prenions v. preniez ils prenaient	je pris tu pris il prit n. prîmes v. prîtes ils prirent	je prendrai tu prendras il prendra n. prendrons v. prendrez ils prendront
㊳ **recevoir** recevant reçu	je reçois tu reçois il reçoit n. recevons v. recevez ils reçoivent	je recevais tu recevais il recevait n. recevions v. receviez ils recevaient	je reçus tu reçus il reçut n. reçûmes v. reçûtes ils reçurent	je recevrai tu recevras il recevra n. recevrons v. recevrez ils recevront
㊴ **rendre** rendant rendu	je rends tu rends il rend n. rendons v. rendez ils rendent	je rendais tu rendais il rendait n. rendions v. rendiez ils rendaient	je rendis tu rendis il rendit n. rendîmes v. rendîtes ils rendirent	je rendrai tu rendras il rendra n. rendrons v. rendrez ils rendront
㊵ **résoudre** résolvant résolu	je résous tu résous il résout n. résolvons v. résolvez ils résolvent	je résolvais tu résolvais il résolvait n. résolvions v. résolviez ils résolvaient	je résolus tu résolus il résolut n. résolûmes v. résolûtes ils résolurent	je résoudrai tu résoudras il résoudra n. résoudrons v. résoudrez ils résoudront
㊶ **rire** riant ri	je ris tu ris il rit n. rions v. riez ils rient	je riais tu riais il riait n. riions v. riiez ils riaient	je ris tu ris il rit n. rîmes v. rîtes ils rirent	je rirai tu riras il rira n. rirons v. rirez ils riront
㊷ **savoir** sachant su	je sais tu sais il sait n. savons v. savez ils savent	je savais tu savais il savait n. savions v. saviez ils savaient	je sus tu sus il sut n. sûmes v. sûtes ils surent	je saurai tu sauras il saura n. saurons v. saurez ils sauront

条件法	接続法		命令法	同型
現在	現在	半過去		
je pourrais tu pourrais il pourrait n. pourrions v. pourriez ils pourraient	je puisse tu puisses il puisse n. puissions v. puissiez ils puissent	je pusse tu pusses il pût n. pussions v. pussiez ils pussent		
je préférerais tu préférerais il préférerait n. préférerions v. préféreriez ils préféreraient	je préfère tu préfères il préfère n. préférions v. préfériez ils préfèrent	je préférasse tu préférasses il préférât n. préférassions v. préférassiez ils préférassent	préfère préférons préférez	céder considérer espérer pénétrer posséder répéter
je prendrais tu prendrais il prendrait n. prendrions v. prendriez ils prendraient	je prenne tu prennes il prenne n. prenions v. preniez ils prennent	je prisse tu prisses il prît n. prissions v. prissiez ils prissent	prends prenons prenez	apprendre comprendre entreprendre reprendre surprendre
je recevrais tu recevrais il recevrait n. recevrions v. recevriez ils recevraient	je reçoive tu reçoives il reçoive n. recevions v. receviez ils reçoivent	je reçusse tu reçusses il reçût n. reçussions v. reçussiez ils reçussent	reçois recevons recevez	apercevoir concevoir décevoir
je rendrais tu rendrais il rendrait n. rendrions v. rendriez ils rendraient	je rende tu rendes il rende n. rendions v. rendiez ils rendent	je rendisse tu rendisses il rendît n. rendissions v. rendissiez ils rendissent	rends rendons rendez	attendre descendre entendre perdre répondre vendre
je résoudrais tu résoudrais il résoudrait n. résoudrions v. résoudriez ils résoudraient	je résolve tu résolves il résolve n. résolvions v. résolviez ils résolvent	je résolusse tu résolusses il résolût n. résolussions v. résolussiez ils résolussent	résous résolvons résolvez	
je rirais tu rirais il rirait n. ririons v. ririez ils riraient	je rie tu ries il rie n. riions v. riiez ils rient	je risse tu risses il rît n. rissions v. rissiez ils rissent	ris rions riez	sourire 注 過去分詞 ri は不変
je saurais tu saurais il saurait n. saurions v. sauriez ils sauraient	je sache tu saches il sache n. sachions v. sachiez ils sachent	je susse tu susses il sût n. sussions v. sussiez ils sussent	sache sachons sachez	

不定法 現在分詞 過去分詞	直　説　法			
	現　在	半　過　去	単純過去	単純未来
㊸ **suffire** suffisant suffi	je suffis tu suffis il suffit n. suffisons v. suffisez ils suffisent	je suffisais tu suffisais il suffisait n. suffisions v. suffisiez ils suffisaient	je suffis tu suffis il suffit n. suffîmes v. suffîtes ils suffirent	je suffirai tu suffiras il suffira n. suffirons v. suffirez ils suffiront
㊹ **suivre** suivant suivi	je suis tu suis il suit n. suivons v. suivez ils suivent	je suivais tu suivais il suivait n. suivions v. suiviez ils suivaient	je suivis tu suivis il suivit n. suivîmes v. suivîtes ils suivirent	je suivrai tu suivras il suivra n. suivrons v. suivrez ils suivront
㊺ **vaincre** vainquant vaincu	je vaincs tu vaincs il vainc n. vainquons v. vainquez ils vainquent	je vainquais tu vainquais il vainquait n. vainquions v. vainquiez ils vainquaient	je vainquis tu vainquis il vainquit n. vainquîmes v. vainquîtes ils vainquirent	je vaincrai tu vaincras il vaincra n. vaincrons v. vaincrez ils vaincront
㊻ **valoir** valant valu	je vaux tu vaux il vaut n. valons v. valez ils valent	je valais tu valais il valait n. valions v. valiez ils valaient	je valus tu valus il valut n. valûmes v. valûtes ils valurent	je vaudrai tu vaudras il vaudra n. vaudrons v. vaudrez ils vaudront
㊼ **venir** venant venu	je viens tu viens il vient n. venons v. venez ils viennent	je venais tu venais il venait n. venions v. veniez ils venaient	je vins tu vins il vint n. vînmes v. vîntes ils vinrent	je viendrai tu viendras il viendra n. viendrons v. viendrez ils viendront
㊽ **vivre** vivant vécu	je vis tu vis il vit n. vivons v. vivez ils vivent	je vivais tu vivais il vivait n. vivions v. viviez ils vivaient	je vécus tu vécus il vécut n. vécûmes v. vécûtes ils vécurent	je vivrai tu vivras il vivra n. vivrons v. vivrez ils vivront
㊾ **voir** voyant vu	je vois tu vois il voit n. voyons v. voyez ils voient	je voyais tu voyais il voyait n. voyions v. voyiez ils voyaient	je vis tu vis il vit n. vîmes v. vîtes ils virent	je verrai tu verras il verra n. verrons v. verrez ils verront
㊿ **vouloir** voulant voulu	je veux tu veux il veut n. voulons v. voulez ils veulent	je voulais tu voulais il voulait n. voulions v. vouliez ils voulaient	je voulus tu voulus il voulut n. voulûmes v. voulûtes ils voulurent	je voudrai tu voudras il voudra n. voudrons v. voudrez ils voudront

条 件 法	接 続 法		命 令 法	同 型
現　　在	現　　在	半 過 去		
je suffirais tu suffirais il suffirait n. suffirions v. suffiriez ils suffiraient	je suffise tu suffises il suffise n. suffisions v. suffisiez ils suffisent	je suffisse tu suffisses il suffît n. suffissions v. suffissiez ils suffissent	suffis suffisons suffisez	注　過去分詞 suffi は不変
je suivrais tu suivrais il suivrait n. suivrions v. suivriez ils suivraient	je suive tu suives il suive n. suivions v. suiviez ils suivent	je suivisse tu suivisses il suivît n. suivissions v. suivissiez ils suivissent	suis suivons suivez	poursuivre
je vaincrais tu vaincrais il vaincrait n. vaincrions v. vaincriez ils vaincraient	je vainque tu vainques il vainque n. vainquions v. vainquiez ils vainquent	je vainquisse tu vainquisses il vainquît n. vainquissions v. vainquissiez ils vainquissent	vaincs vainquons vainquez	convaincre
je vaudrais tu vaudrais il vaudrait n. vaudrions v. vaudriez ils vaudraient	je vaille tu vailles il vaille n. valions v. valiez ils vaillent	je valusse tu valusses il valût n. valussions v. valussiez ils valussent		
je viendrais tu viendrais il viendrait n. viendrions v. viendriez ils viendraient	je vienne tu viennes il vienne n. venions v. veniez ils viennent	je vinsse tu vinsses il vînt n. vinssions v. vinssiez ils vinssent	viens venons venez	appartenir devenir obtenir revenir (se) souvenir tenir
je vivrais tu vivrais il vivrait n. vivrions v. vivriez ils vivraient	je vive tu vives il vive n. vivions v. viviez ils vivent	je vécusse tu vécusses il vécût n. vécussions v. vécussiez ils vécussent	vis vivons vivez	survivre
je verrais tu verrais il verrait n. verrions v. verriez ils verraient	je voie tu voies il voie n. voyions v. voyiez ils voient	je visse tu visses il vît n. vissions v. vissiez ils vissent	vois voyons voyez	entrevoir revoir
je voudrais tu voudrais il voudrait n. voudrions v. voudriez ils voudraient	je veuille tu veuilles il veuille n. voulions v. vouliez ils veuillent	je voulusse tu voulusses il voulût n. voulussions v. voulussiez ils voulussent	veuille veuillons veuillez	

◆ 動詞変化に関する注意

不定法
-er
-ir
-re
-oir

現在分詞
-ant

	直説法現在		直・半過去	直・単純未来	条・現在
je	-e	-s	-ais	-rai	-rais
tu	-es	-s	-ais	-ras	-rais
il	-e	-t	-ait	-ra	-rait
nous	-ons		-ions	-rons	-rions
vous	-ez		-iez	-rez	-riez
ils	-ent		-aient	-ront	-raient

	直・単純過去			接・現在	接・半過去	命令法	
je	-ai	-is	-us	-e	-sse		
tu	-as	-is	-us	-es	-sses	-e	-s
il	-a	-it	-ut	-e	-̂t		
nous	-âmes	-îmes	-ûmes	-ions	-ssions	-ons	
vous	-âtes	-îtes	-ûtes	-iez	-ssiez	-ez	
ils	-èrent	-irent	-urent	-ent	-ssent		

〔複合時制〕

直　説　法	条　件　法
複合過去（助動詞の直・現在＋過去分詞）	過　去（助動詞の条・現在＋過去分詞）
大　過　去（助動詞の直・半過去＋過去分詞）	接　続　法
前　過　去（助動詞の直・単純過去＋過去分詞）	過　去（助動詞の接・現在＋過去分詞）
前　未　来（助動詞の直・単純未来＋過去分詞）	大過去（助動詞の接・半過去＋過去分詞）

* **現在分詞**は，通常，直説法・現在1人称複数の語尾 -ons を -ant に変えて作ることができる．(nous connaissons → connaissant)
* **直説法・半過去**の1人称単数は，通常，直説法・現在1人称複数の語尾 -ons を -ais に変えて作ることができる．(nous buvons → je buvais)
* **直説法・単純未来**と**条件法・現在**は，通常，不定法から作ることができる．
  (単純未来: aimer → j'aimerai　finir → je finirai　écrire → j'écrirai)
  　ただし，-oir 型動詞の語幹は不規則．(pouvoir → je pourrai　savoir → je saurai)
* **接続法・現在**の1人称単数は，通常，直説法・現在3人称複数の語尾 -ent を -e に変えて作ることができる．(ils finissent → je finisse)
* **命令法**は，直説法・現在の2人称単数，1人称複数，2人称複数から，それぞれの主語 tu, nous, vous を取って作ることができる．(ただし，tu -es → -e　tu vas → va)
  　avoir, être, savoir, vouloir の命令法は接続法・現在から作る．